애들 싸움이
어른 싸움 되는
학교폭력

학교폭력 전문변호사가
알려주는 학교폭력

애들 싸움이
어른 싸움 되는
학교폭력

손영우 지음

좋은땅

프롤로그

"손영우 변호사님 되시죠? 학교폭력 문제로 급히 상담받고 싶은데, 오늘 오후 상담 가능할까요?"

2023년 어느 날 오후, 저에게 상담전화 한 통이 걸려 왔습니다. 다행히 그날 별다른 일정이 없었고, 학교폭력 문제는 일반적인 사건과 달리 빨리 처리해야 하는 점도 있었기 때문에 2시간 후 상담을 잡았습니다.

급히 잡혔던 상담이었기에 '학교폭력 신고를 당했고, 보호자 확인서 작성단계이다'라는 정보 외에는 그 어떠한 정보를 듣지 못하였습니다. 두 시간 후 상담실에 들어가자, 젊은 엄마, 아빠와 그리고 느낌상 제 키에 반 정도도 되어 보이는 작은 남자 아이가 앉아 있었습니다.

"몇 학년이니?"

제 질문에 그 아이는 초등학교 1학년이라고 답변했습니다. 사안 자체도 심각하지 않았습니다. 신체적인 피해가 있었던 것도 아니고, 남자아이가 여자아이를 괴롭히는 이성(異性) 사이에 일어난 사건도 아니었으며, 지속적인 언어 폭력이 있었던 사안도 아니었습니다. 어느 날 딱 하루 서로 의견이 맞지 않아 다툼이 있었던 사안이었습니다.

애들 싸움이 어른 싸움 되는 학교폭력

그런데 이런 사소한 사안이 어떻게 학교폭력 신고까지 되었을까요? 더 나아가 피해학생 측에도 변호사가 선임되었고, 가해학생 측에 제가 선임되는 등 초등학교 1학년 사이에 발생한 사소한 다툼에 변호사 2명이나 개입한 사건으로 커졌을까요?

여러 이유가 있겠지만, 가장 결정적인 이유는 상호 '이해부족'이 아닐까 생각합니다. 피해학생 측 보호자는 자신의 자녀에게 발생한 피해만을 크게 확대하여 보았을 것이고, 가해학생 측 보호자는 자신의 자녀가 피해학생 측에게 한 가해행동을 크게 축소하여 보았을 것입니다. 그러다 보니 의견차가 발생하고, 그 의견차는 감정싸움으로 번져 이렇게 변호사까지 개입하는 대형 사건으로 변해 버렸습니다. 서로 조금만 양보하고 서로의 마음을 이해했다면, 아무렇지 않게 끝날 수 있었던 다툼이, 그리고 그런 해결이 아이의 교육에 있어서도 더 좋은 결과를 가져왔을 것인데 그러지 못했습니다.

이 책은 이런 고민에서 출발하게 되었습니다. 저는 사람과 사람 사이에 발생하는 분쟁을 다루는 것이 좋아, 변호사 업무의 시작을 인사/노무 분야로 했고, 개업 후에는 인사/노무 외에 학교폭력에 관심을 가지게 되어 공부하고 연구하며 사건을 수행했습니다. 그 결과 대한변호사협회 등록 학교폭력 전문변호사까지 되었습니다. 그럼에도 학교폭력 사건에 '변호사까지 개입하는 것이 맞나?'라는 의문은 여전히 가지고 있습니다. 물론 변호사 개입이 필요한 사건도 있습니다. 그러나 상당 수의 학교폭력 사건은 상호 조금만 양보하고 이해한다면 충분히 해결될 수 있는 사건이라 생각합니다.

그래서 저는 책을 하나 쓰기로 결심했습니다. 모든 일에 앎이 있어야 이해가 가능하다고 생각하기에, 학교폭력 사건에서도 서로를 이해하기 위해서는 먼저 학교폭력에 대한 앎이 있어야 한다고 생각했습니다. 학교폭력 사건이 무엇이고, 어떤 과정으로 진행되는지, 또한 어떤 문제가 있는지에 대해 제가 알려드리고, 보호자님들이 이에 대한 앎이 생긴다면, 실제 학교폭력 사건이 발생했을 때 서로 이해할 수 있지 않을까 하는 생각이 들었습니다.

이런 목적이 있기 때문에 이 책은 학교폭력의 가해자로 지목된 학생과 그 보호자와 학교폭력의 피해자가 된 학생과 그 보호자, 즉 비법률가를 대상으로 만들어졌습니다. 따라서 너무 전문적이고 지엽적인 부분은 삭제하였으며, 최대한 쉽게 풀어 쓰는 데 초점을 두었습니다.

마지막으로 혹시나 오해하지 않았으면 하는 부분이 있습니다. 학교폭력 사건이 발생하면 '서로 이해하는 태도를 가져 보자'가 저의 목표이지만, 그렇다고 하여 '심각한 학교폭력도 이해하자', '학교폭력을 가볍게 생각하자', '좋게 좋게 넘어가자'는 뜻은 결코 아님을 분명히 밝힙니다.

그럼 지금부터 본격적으로 학교폭력에 대한 글을 시작해 볼까 합니다.

※ 해당 책에 등장하는 사례 중 직접 수행했음을 밝히지 않은 사례는 법원의 판결, 행정심판 재결례, 신문기사 등을 참고하였습니다.

목차

5장 학교폭력예방법

6장 심의위원회 판단 과정

7장 심의위원회의 조치

8장　생활기록부 기재

9장　심의위원회 조치에 대한 불복

10장 형사고소와 민사소송

11장 학교폭력에 대한 생각들

1장

학교폭력의 발생

가. 평소와 다름 없던 하루,
내 아이가 학교폭력 피해자가 되다

 아마 대다수 보호자께서는 뉴스, 신문, 인터넷 등에서 학교폭력이 심각하다는 이야기는 많이 들어보겠지만, 내 아이와는 무관한 일이라고 생각하며 살아가고 계실 것입니다. 한때 인터넷에서 떠돌아 다녔던 이야기 중 하나로 어느 날 자녀가 자기 반에 학교폭력을 당하는 친구가 있는데, 자신은 어떻게 해야 하냐고 묻자, 어머니가 안타깝지만 그냥 모른 척해라고 답변했고, 그 답변을 들은 자녀가 그날 자살했다는 이야기가 있습니다. 그 자녀는 자신의 이야기를 친구의 이야기처럼 어머니에게 이야기했고, 어머니가 적합한 해결책을 내주기를 기대했지만, '모른 척해라'라는 어머니의 답변에서 절망을 느껴 자살했다는 이야기입니다. 이 이야기가 진실인지 아닌지는 모르겠으나, 어쨌든 대다수의 보호자께서는 위 이야기의 어머니처럼 자신의 자녀는 학교폭력과 무관한 삶을 살아가고 있다고 생각하고 계십니다.

 그런데 어느 날 아이의 몸에서 상처를 확인하거나 우연히 본 핸드폰, 일기장 등에서 학교폭력의 흔적을 확인한다면 어떤 마음이 들까요? 세상이 무너지는 느낌, 끝없는 분노가 차오르는 느낌 등 이성적인 판단이 마비되는 느낌을 받으실 것이라 생각됩니다. 이는 너무나도 당연합니다. 저 역시 비슷한 경험이 있습니다. 어느 날 제가 제 아이를 어린이집에서 하원시킨 적이 있는데, 당시 만으로 2살이라 의사소통이 원활 하지는 않았지만, 저에게 "XX이 때문에 울었어"라고 명확히 이야기하면서, 한 10분간 오열한 적이 있습니다.

참고로 저는 문제가 생기면 굳이 따지기보다 가지 않는 것을 선택할 정도로 적극적으로 따지지 않는 성격입니다. 특히 변호사가 된 이후 일이 아닌 일상까지 분쟁을 가져오는 것을 극히 싫어해 더욱 참고 넘어가는 사람이 되었습니다. 그러니 당연히 어린이집에 전화하거나 문제 제기를 한 적이 없었습니다. 그런데 제 아이가 특정 아이의 이름을 이야기하며 심각하게 울고 있으니 당연히 이성이 마비되고, 이것저것 따지지 않고 곧바로 전화하여 사실관계를 물어볼 수밖에 없었습니다. 담당 선생님으로부터 제 아이를 괴롭힌 아이는 발달장애를 겪고 있는 아이라 소통이 원활하지 않아 친구들과 트러블이 자주 있는데, 선생님들이 적극적으로 제지하고 있으니 너무 걱정하지 말라는 이야기를 들었고, 제가 몇 마디 한 후 마무리가 되었습니다. 흥분한 상태에서 전화를 해 제가 몇 마디 한 내용이 정확히 기억나지 않고 저는 문제 생기지 않도록 신경 써 달라는 이야기만 한 것으로 기억하는데, 그 일 이후 담당 선생님께서 사소한 문제가 생겨도 제 와이프에게 연락하는 것을 보면서, 제가 너무 과하게 이야기한 것이 있었나 싶기도 하여 죄송스럽기도 했습니다. 어쨌든 본인의 아이에게 학교폭력과 같은 문제가 생기면 보호자는 당연히 이성적으로 판단을 하기는 쉽지 않습니다.

● 흥분보다는 정확한 사실관계 파악과 증거확보

하지만 이 지점에서 본인의 자녀가 학교폭력의 피해자라면, 보호자께서는 꼭 기억하셔야 할 부분이 있습니다. 바로 정확한 사실관계 파악과 증거 확보입니다. 변호사로 상담을 하면서 의뢰인에게 가장 많이 하는 말 중에 하나가 바로 "증거 있나요?"입니다. 증거가 없는 주장은 심하게 말하면 소설에 불과합니다. 실제 다양한 소송을 진행하면서 의뢰인들 중에는 자신의 억울함을 이야기하면서 증거가 없는 이야기들을 서면에 써 달라고 하는 경우가 종종 있는데, 증거가 없는 이야기들을 법원에서 인정할 리도 없고 오히려 이로 인하여 증거가 있는 이야기까지도 신빙성이 없게 만드는 역효과가 발생할 수 있습니다.

학교폭력도 마찬가지입니다. 증거가 없는 주장을 잘못하였다가는 증거가 있는 다른 정당한 주장마저도 인정되지 않을 수 있습니다. 그러니 정확히 사실관계를 파악한 후, 그 사실관계에 맞게 증거를 빠르게 확보하실 필요가 있습니다. CCTV, 휴대폰 동영상과 같은 확실한 영상자료가 있다면 가장 좋겠으나, 그러지 못한 경우라면 이를 목격한 다른 학생 등 제3자에게 자세한 상황 설명을 부탁하고, 이를 녹음하거나 사실확인서를 작성하게 하여 보관할 필요가 있습니다.

특히 목격자의 녹음, 사실확인서와 같은 자료는 사건 직후 빠르게 확보할 필요가 있는데, 학교폭력만이 아니라 다양한 사건에서 목격자들은 사건 초기에는 많이 도와줄 것처럼 하다가도, 막상 분쟁이 시작되면 귀찮거나 자신에게 피해가 올 것이라는 생각에서 거부하는 경우가 많이 있습니다. 특히 학교폭력 사건의 경우 목격자인 제3자가 대부분 피해학생 및 가해학생과 같은 학교의 학생이거나, 서로 친구관계일 가능성이 높습니다. 그래서 녹음 및 사실확인서를 뒤늦게 요청하면 괜히 고자질쟁이로 오인 받을 수 있다는 생각에 누구 한 명의 편을 들지 않겠다며 거부할 가능성이 높습니다. 그러니 최대한 사건 초기에 목격자의 녹음, 사실확인서와 같은 자료를 확보하는 것이 좋습니다.

● CCTV 확보와 관련된 법적 이슈

사실 CCTV만큼 좋은 증거자료가 없습니다. 그렇기 때문에 학교폭력 현장이 촬영된 CCTV가 있다면, 반드시 제출할 필요가 있습니다. 그런데 예를 들어 아파트 CCTV에 피해학생 본인이 학교폭력을 당하는 모습이 촬영되어 있어 아파트 관리사무소 등에 CCTV를 요청하면, 관리사무소에 서는 그러한 요청을 아무런 이유 없이 거부하거나 "경찰을 대동해라"고 요구하는 경우가 있습니다. 이러한 아파트 관리사무소의 행동이 과연 정당할까요?

결론부터 말씀드리면, 정당하지 않습니다. 「개인정보 보호법」 제35조 제1항에 따라 정보주체는 개인정보처리자가 처리하는 자신의 개인정보에 대한 열람을 해당 개인정보처리자에게 요구할 수 있고, 같은 조 제3항에 따라 개인정보처리자는 열람을 요구 받았을 때에는 대통령령으로 정하는 기간(10일) 내에 정보주체가 해당 개인정보를 열람할 수 있도록 하여야 합니다. 이를 거부할 경우 같은 법 제75조 제2항 제19호에 따라 3천만 원 이하의 과태료가 부과될 수 있습니다. 따라서 CCTV를 보관하고 있는 아파트 관리사무소가 정당한 이유 없이 무조건 거부하거나 경찰을 대동해라고 요구할 수는 없습니다.

만약 아파트 관리사무소가 이런 규정에도 불구하고 거부할 경우, 당사자께서는 한국인터넷진흥원 개인정보침해신고센터에 신고할 수 있습니다. 다만 여기서도 하나 주의해야 할 점은 CCTV에 본인이 아닌 타인이 찍혀 있는 경우, CCTV 보관자는 "비식별화 조치"를 취한 후 CCTV를 제공하여야 합니다. 비식별화 조치란 정보주체가 아닌 다른 사람을 특정할 수 없는 상태로 만드는 것을 말합니다. 만약 비식별화 조치가 되어 있지 않은 상태에서 열람, 제공 등을 하게 되면 「개인정보 보호법」을 위반하는 문제가 발생할 수 있습니다.

구 「개인정보 보호법」 제71조 제5호 후단의 '개인정보를 제공받은 자'에 해당한다고 보기 위해서는 개인정보를 처리하거나 처리하였던 자가 누설하거나 권한 없이 다른 사람이 이용하도록 제공한 개인정보의 지배·관리권을 이전받을 것을 요한다. 영상정보처리기기에 의하여 촬영된 개인의 초상, 신체의 모습과 위치정보 등과 관련한 영상의 형태로 존재하는 개인정보의 경우, 영상이 담긴 매체를 전달받는 등 영상 형태로 개인정보를 이전받는 것 외에도 이를 시청하는 등의 방식으로 영상에 포함된 특정하고 식별할 수 있는 살아 있는 개인에 관한 정보를 지득함으로써 지배·관리권을 이전받은 경우에도 구 「개인정보 보호법」 제71조 제5호 후단의 '개인정보를 제공받은 자'에 해당할 수 있다.

앞서 본 법리에 비추어 살펴보면, 공소외 2가 이 사건 영상을 재생하여 피고인에게 볼 수 있도록 하여 피고인이 이를 시청한 것은 구 「개인정보 보호법」 제71조 제5호 후단의 개인정보를 제공받은 행위에 해당할 수 있다. 그럼에도 원심은 피고인이 이 사건 영상을 시청한 행위를 구 「개인정보 보호법」 제71조 제5호 후단의 개인정보를 제공받은 것으로 볼 수 없다고 판단하였는바, 이러한 원심의 판단에는 구 「개인정보 보호법」 제71조 제5호 후단의 '개인정보를 제공받은 자'에 관한 법리를 오해하여 판결에 영향을 미친 잘못이 있다. 이를 지적하는 검사의 상고이유는 이유 있다(대법원 2024. 8. 23. 선고 2020도18397 판결).

애들 싸움이 어른 싸움 되는 학교폭력

위 판결을 쉽게 설명드리면, 비식별화 조치 없이 보여 주거나 보면 동의 없는 개인정보 제공이 되어 형사처벌 대상이 될 수 있다는 것입니다. 그러니 비식별화 조치는 반드시 필요합니다. 참고로 비식별화 조치에 들어가는 비용은 CCTV 열람을 요청한 사람, 즉 학교폭력 피해학생 측에서 부담(개인정보보호위원회 및 한국인터넷진흥원, "민간분야 고정형 영상정보처리기기 설치 운영 가이드라인", 2024. 1., 28쪽 이하)해야 하는데, 해당 비용이 만만치 않다는 점을 기억해 두실 필요가 있습니다.

나. 평소와 다름 없던 하루,
내 아이가 학교폭력 가해자가 되다

피해학생 측에서 학교폭력에 대한 신고를 준비하는 동안, 가해학생 측 보호자께서는 이런 상황을 전혀 모릅니다. 심지어 가해학생 스스로도 학교폭력을 했는지 모르는 경우가 많습니다. '맞은 사람은 기억하지만 때린 사람은 기억 못 한다'는 말처럼 가해학생은 신고가 되기 전까지 자신이 잘못된 행동을 했는지 인지하기 어렵고, 설령 인지했다고 하더라도 보호자에게 자신이 친구를 괴롭혔다는 이야기를 했을 가능성은 거의 없습니다. 결국 가해학생의 보호자께서는 학교폭력 신고가 이루어진 후, 학교로부터 전화를 받게 되면서 비로소 학교폭력 사실을 인지하게 됩니다.

● 가해학생 보호자도 사실관계 파악이 우선되어야 한다

자신의 자녀가 학교폭력의 가해자라는 사실을 처음에는 받아들이기 어려워 학교로부터 소식을 듣게 되면, 아무래도 많이 당황하시게 됩니다. 그런데 이런 상황 속에서도 제일 먼저 해야 할 일은 정확한 사실관계를 파악하는 것입니다. 보통 사람은 자신에게 유리한 것은 과장하고, 자

애들 싸움이 어른 싸움 되는 학교폭력

신에게 불리한 것은 축소하기 마련이므로, 자녀의 말만 듣지 말고, 그 사안을 목격한 친구, 학교폭력 신고를 받은 선생님 등에게 어떤 일이 있었는지, 피해학생에게 신체적 피해가 있었는지 그리고 이러한 폭행 또는 괴롭힘이 어느 정도 지속되었는지 등을 자세히 파악할 필요가 있습니다.

개인적으로 최악의 발언은 "아이한테 들었을 때는⋯"이라는 발언 같습니다. 이렇게 자녀의 설명에만 기대어 사안을 대응하시는 경우, 보통 사실관계에 대한 파악을 제대로 하지 못한 채, 피해학생과의 합의 등을 소홀히 하거나 심지어 쌍방 학교폭력 신고를 하는 경우가 많습니다. 뒤에서 자세히 다루겠지만 이런 경우 반성하지 않았다는 이유로 학교폭력대책심의위원회(이하 특별한 사정이 없는 한 "심의위원회"로 약칭하겠습니다)에서 중한 조치가 나올 가능성이 있습니다. 따라서 피해학생 보호자처럼 가해학생 보호자께서도 우선 사실관계 파악을 정확히 하시기 바랍니다.

● **우선 피해학생과 그 보호자의 마음을 생각하시기 바랍니다**

저는 명확히 허위 신고가 아닌 이상 기본적으로 저에게 상담을 받으러 오신 가해학생 보호자께 일단 잘못했다는 마음으로 학교폭력 사안을 진행하는 것을 추천하고 있습니다.

「학교폭력예방 및 대책에 관한 법률」(이하 "학교폭력예방법")은 학생을 처벌하는 것에 중점이 있는 법이 아닙니다. 만약 처벌에 중점을 둔 법이라면 명칭이 학교폭력예방법이 아니라 「학교폭력처벌에 관한 법률」이 되었을 것입니다. 이와 같이 학교폭력예방법은 가해학생을 선도 및 교육하는 것에 초점이 있고, 선도 및 교육은 학교에서도 해야겠지만, 가정에서도 함께, 더 나아가 더 많이 해야 합니다. 그러니 보호자께서 얼마나 가해학생을 선도하고 교육하려는 의지가 있는 것인지, 즉 가해학생에게 개선가능성이 얼마나 있는지를 보여 주는 것이 심의위원회 조치에 영향을 줄 수 있습니다. 그리고 그러한 개선가능성을 보여 주는 첫걸음이 보호자께서 잘못했다는 마음으로 사안을 진행하는 것이 아닐까 합니다.

학교폭력의 형태는 다양하기 때문에 간혹 결코 심각하다고 볼 수 없는 상황에서도 너무나도 과도하게 피해학생 보호자께서 가해학생을 몰아붙일 때가 있습니다. 이러한 현상은 피해학생 보호자가 이상한 사람이라서가 아니라, 앞서 말씀드린 것처럼 본인의 자녀에 관한 문제에 객관적일 수 있는 사람이 많지 않기 때문에 발생합니다. 어쨌든 가해학생 보호자께서도 부모인지라 과하게 몰아붙이는 상대방에게 화가 날 수밖에 없고 결국 피해학생 보호자와 가해학생 보호자의 감정싸움으로 번지는 경우도 다수 있습니다. 그런데 가해학생 보호자가 피해학생 보호자와 싸워서 감정적으로 격해지는 순간, 이 학교폭력 사안은 쉽게 끝날 수 없게 되어 버립니다. 후술하겠지만, 가해학생 입장에서는 생활기록부에 기록이 남지 않는 "학교장 자체해결"으로 종결되는 것이 가장 좋은데, "학교장 자체해결"은 피해학생 측의 동의가 필수적입니다. 당연하게도 감정적인 골이 깊다면 피해학생 측은 동의하지 않을 것이고, 그렇게 되면 이 사건은 무조건적으로 심의위원회에 올라갈 수밖에 없습니다.

냉정하게 말하면, 보호자님 감정보다 더 중요한 것이 자녀의 미래입니다. 그러니 일단 가해학생 보호자께서는 피해학생 및 그 보호자가 다소 과하게 사안을 대하고 있다는 생각이 드시더라도 조금만 참고, 기본적으

애들 싸움이 어른 싸움 되는 학교폭력

로 미안하다, 잘못했다는 자세로 피해학생 측의 이야기를 경청하시기 바랍니다.

간혹 '내가 잘못하지 않았는데, 잘못했다는 자세를 취할 경우 잘못을 시인한 것으로 비춰지지는 않을지' 걱정하시는 분도 계십니다. 그러나 제대로 사실관계를 파악했을 때 정말 잘못이 없다면, 잘못했다고 말했다는 사실만으로 학교폭력으로 인정되지는 않을 것이고, 만약 상대방이 그런 주장을 한다면 "피해가 있다고 말하기에 부모 된 입장으로 우선 사과했다"고 소명하면 되므로 걱정하실 필요는 없다고 생각합니다. 그러니 거듭 강조드리지만, 우선은 피해학생과 그 보호자의 마음을 생각하며, 사안을 대응하실 필요가 있습니다.

2장

학교폭력 신고와
초기 절차

가. 학교폭력 신고 방법

학교폭력 피해를 신고할 수 있는 방법은 크게 3가지가 있습니다. 학교, 117 학교폭력 신고센터(안전 DREAM), 그리고 경찰입니다. 어느 곳에 신고하여도 절차 자체가 달라지는 것은 아닙니다. 보통 가장 많이 신고하는 방법은 학교에 신고하는 것인데, 담임교사, 학교폭력 담당교사, 교감 선생님 등에게 알리는 방법입니다. 최근에는 선생님들께서 학교폭력 처리절차에 대해 잘 아시고 계시므로, 좀 더 편한 관계에 있는 선생님께 신고하시면 되겠습니다.

학교폭력 신고서

성 명			학년 / 반	
학생과의 관계	① 본인 ② 친구 ③ 보호자 ④ 교사( ) ⑤ 기타 ( )			
연 락 처	집	— —	휴대폰	
주 소				
사안을 알게 된 경위 (피해 · 가해학생 일 경우는 제외)				
사안 내용	① 누가			
	② 언제			
	③ 어디서			
	④ 무엇을 / 어떻게			
	⑤ 왜			
사안 해결에 도움이 될 정보				
기타				

학교폭력을 신고하기 위해서는 위와 같은 학교폭력 신고서와 보호자 확인서 등을 작성하게 되는데, 심의위원회의 판단의 근거자료가 되므로 정확하고 자세히 작성할 필요가 있습니다. 이 단계부터 외부 전문가에게 작성 대행을 요청하는 보호자도 계시고, 저 역시 조력을 드린 적도 있으나, 저는 학교폭력 신고서와 보호자 확인서는 피해사실에 대해 빠짐없이 작성하는 것이 가장 핵심이라고 생각하므로, 사안을 누구보다도 잘 아는 피해학생 및 보호자가 직접 자세히 적는 것을 추천드립니다. 작성에 대해 사소한 팁을 드리자면, 모든 피해사실을 상세히 적되, 증거가 있는 부분을 특히 부각하시는 방식이 어떨까 합니다. 그리고 간혹 제공된 용지 1장에 모든 내용을 적어야 한다고 생각하시는 분도 계신데 별지를 사용해도 무방하니, 억지로 칸에 맞추어서 쓰실 필요는 없습니다.

애들 싸움이 어른 싸움 되는 학교폭력

나. 학생 확인서 및 보호자 확인서 작성,
   어떻게 해야 할까?

　과거에는 학교폭력 신고가 접수되면 담당교사 등 학교 내 인력이 사안을 조사하였는데, 최근 학교폭력전담조사관이 학교폭력 사안을 조사하도록 학교폭력예방법이 개정되었습니다. 학교폭력전담조사관은 퇴직경찰, 퇴직교원, 청소년상담전문가 등 다양한 분야의 전문가로 구성되어 있고, 사건초기의 조사를 담당하는 중요한 역할을 하고 있습니다.

　교육지원청마다 조사 방식이 조금 상이한 면도 있지만, 어쨌든 학교폭력 신고에 따른 가해학생에 대한 첫 번째 절차는 바로 학생 확인서와 보호자 확인서 작성입니다. 사안조사 일환으로 가해학생을 불러 학생 확인서를 작성하도록 하고 학생을 통해 보호자에게 보호자 확인서 작성을 요청합니다.

　향후 심의위원회에서 이 학생 확인서와 보호자 확인서가 매우 중요한 증거로 사용된다는 점에서 이 둘의 중요성을 인식할 필요가 있습니다. 특히 학생 확인서와 보호자 확인서는 초기에 작성한다는 점에서 신빙성이 높다고 보고 있고, 여기에서 작성한 내용과 이 후에 다른 이야기를 하고 싶더라도 명백한 증거가 없는 이상 심의위원회 위원을 설득하기가 어려워집니다. 그러니 매우 신중하게 작성할 필요가 있습니다.

● 보호자 확인서, 필요하다면 변호사 도움을

학생 확인서의 경우 보통 학생을 별도로 불러 작성하게 하므로, 보호자께서 개입하기는 어렵습니다. 물론 학생이 구체적인 상황을 파악한 후 작성하여 제출하겠다고 이야기한 후 작성 및 제출할 수도 있으나, 학생이 그렇게 대응하기는 사실 어렵습니다. 평소 보호자께서도 자녀에게 학교폭력을 하면 안 된다는 교육은 하시겠지만, 학교폭력 가해를 했을 때를 대비하여 학생 확인서를 바로 제출하기보다 구체적인 상황을 파악한 후 제출하라고 교육하는 경우는 드물기 때문입니다. 이에 반해 보호자 확인서의 경우, 일정 시간을 주고 작성해 오도록 하기 때문에 신중하게 작성할 수 있습니다. 간혹 보호자 확인서의 작성 기한을 매우 촉박하게 주기도 하는데, 법령에서 작성 기한을 명시하고 있지는 않기 때문에 정중하게 1~2일 정도 시간을 더 줄 것을 요청해 보는 것도 좋습니다. 주의해야 할 점은 학교 또는 학교폭력전담조사관 등과 갈등 상황이 생기는 것은 좋지 않기 때문에 부득이한 사정을 말씀드리고 정중하게 요청하는 것이 좋습니다.

보호자 확인서 역시 어떠한 법적인 내용을 적기보다, 사실을 적는 단계이므로 변호사의 도움이 꼭 필요하다고 생각하지는 않습니다. 물론 방어를 해야 한다는 측면에서 피해학생의 학교폭력 신고서 등보다는 좀 더 신중하게 작성할 필요가 있는 것은 사실입니다. 그러나 저는 보통 심의위원회 단계에 나아가면 가능한 변호사의 조력을 받으라고 조언을 드리지만,

보호자 확인서 작성 단계에서는 선택사항이라고 말씀드리기도 합니다.

다만 변호사의 조력이 선택사항이라고 하여, 보호자 확인서 작성이 중요하지 않다는 뜻은 결코 아닙니다. 보호자 확인서는 앞서 말씀드린 것처럼 심의위원회 판단에 중요한 근거자료가 되기 때문에 잘 작성할 필요가 있습니다. 그리고 앞서 말씀드린 것처럼 자녀의 경우 학교의 요청에 따라 학생 확인서를 급히 작성하여 제대로 작성하지 못한 부분이 있을 수 있으므로, 이런 부분이 있다면 보호자 확인서에서 상세히 의견을 밝힐 필요도 있습니다.

참고로 제가 직접 담당했던 한 사건에서도 보호자의 요청에 따라 보호자 확인서를 조력해드린 적이 있습니다. 저는 해당 보호자 확인서에 학교폭력이 지속적이지 않고, 고의적이지 않으며, 보호자가 엄청난 노력을 하고 있음을 잘 말씀드렸고, 이를 본 학교에서 가해학생에게 학교폭력의 고의가 없다고 생각해 피해학생 측 부모님을 적극적으로 설득해 주신 덕분에 "학교장 자체해결"로 마무리된 사건이 있습니다. 따라서 학생에게 사안이 불리해 보이거나, 적극적으로 설명이 필요한 상황이라면, 사안 초기부터 변호사의 도움을 받는 것도 좋은 방법이라고 생각합니다.

● 보호자는 누구일까?

학교폭력예방법에서는 부모, 법정대리인 등의 용어가 아닌 "보호자"라는 용어를 사용하고 있습니다. 그렇다면 보호자는 정확히 누구를 말하는 것일까요? 부모가 보호자인 것은 의문의 여지가 없을 것입니다. 그러나 학생 중에는 여러 사정으로 부모가 부재하여 조부모, 이모, 삼촌 등 다른 친족이 양육하는 경우도 있습니다. 이 경우와 같이 다른 친족이 실질적으로 양육을 하면 보호자가 될 수 있을까요?

우선 학교폭력예방법에서는 보호자에 대해 별도로 정의하고 있지는 않습니다. 그러나 「교육기본법」 제13조에서 보호자에 대해 규정하고 있는데, 보호자를 "부모 등 보호자"라고 규정하고 있습니다. 이처럼 교육기본법은 "보호자 = 부모"라고 규정하고 있지 않고, "보호자 = 부모 등"이라고 규정하여 부모 외에 다른 사람도 보호자가 될 수 있음을 나타내고 있습니다. 법률에서 "등"이란 열거된 예시사항과 규범적 가치가 동일하거나 그에 준하는 성질을 가지는 사항이 포함되는 것으로 해석(법제처 법령해석례 등 참고)해야 하므로, 「교육기본법」 제13조를 해석해 볼 때 부모와 동일한 수준의 양육을 하는 사람, 즉 실질적으로 양육을 하는 사람이라면 보호자가 될 수 있다고 생각합니다.

그리고 학교폭력예방법은 가해학생에 대한 선도와 피해학생에 대한 보호를 목적으로 한다는 점을 고려할 때 학생에 대한 선도와 보호를 할 수 있는 사람이라면 보호자로 인정해 줄 필요가 있으므로, 굳이 보호자의 범위를 좁힐 필요는 없다고 생각합니다.

다. 학교폭력전담조사관의
면담 과정

　학교폭력전담조사관은 피해학생과 그 보호자, 가해학생과 그 보호자를 각각 불러 면담을 하고 사안을 조사합니다. 학교폭력전담조사관은 이렇게 초기 조사를 진행하고, 보고서를 작성하는데, 조사관 보고서는 심의위원회가 학교폭력 여부를 판단함에 있어 중요한 증거로 사용됩니다.

　따라서 학교폭력전담조사관과의 면담 과정에서 자신의 의견을 정확히 피력할 필요가 있습니다. 당연한 이야기지만 면담 과정에서 거짓을 이야기해서는 안 되고, 기억이 나지 않거나 잘 모르는 부분은 있는 그대로 "기억나지 않는다"거나 "잘 모르겠다"고 답변하시면 되겠습니다.

　그리고 간혹 학교폭력전담조사관의 조사 태도가 마음에 들지 않는다며 거의 싸우시는 가해학생 또는 보호자도 계시는데, 그러한 대응방식은 좋지 않습니다. 학교폭력전담조사관의 성향에 따라 다소 공격적으로 질문하는 경우도 있는데, 어느 한쪽에 치우쳐 있거나 예단을 가지고 하는 것이 아니라, 피해학생 및 가해학생에게 동일하게 공격적인 질문을 하실 가능성이 높습니다. 그러니 자신에게만 불리하다고 생각할 필요는 없고, 다만 너무 과한 부분이 있어 보인다면 그에 한해서 정중하게 의견을 이야기하시는 것이 좋다고 생각합니다.

어떤 분들께서는 학교폭력전담조사관에게도 의견서를 제출하는 것이 좋다고 이야기하시기도 하던데, 제 개인적인 생각으로는 조사관에게 의견서를 제출하기보다 조사관과의 면담 과정에서 나왔던 질문과 신고된 학교폭력에 대한 입장을 종합적으로 정리하여 의견서를 완성한 후 심의위원회에 제출하는 것이 효과적이라고 생각합니다.

라. 자녀의 2차 가해를
   막아야 한다

　보호자께서는 학교폭력 사건에 대응하실 때 꼭 기억하셔야 부분이 있습니다. 바로 "2차 가해"입니다. 경우에 따라서는 가해학생이 정말 상황일 수 있습니다. 그리고 그러한 억울함은 보호자보다 오히려 당사자인 자녀가 더 클지도 모릅니다. 맡았던 사건 중에는 신고 사실이 너무나도 부당하고 억울해 가해학생에게 정신적 문제가 생기고 정신과 치료를 받은 사례도 있습니다. 아무래도 아직 어린 학생이다 보니 정신적으로 성숙하지 못할 수 있고, 그런 답답함과 억울함이 2차 가해로 이어지는 경우가 있습니다.

　우선 보호자께서는 학교폭력 신고를 받은 이후, 자녀가 피해학생에게 추가적인 신체적 폭력이나 언어적 폭력을 못 하도록 막아야 하는 것은 당연합니다. 사실 이 부분은 자녀들도 잘 알 것이고, 보호자께서도 잘 아실 것이라 생각합니다. 그런데 더 나아가 하지 말아야 할 행동이 있습니다. 바로 학교폭력 신고 사실에 대해 왈가왈부를 하는 것입니다.

● 신고사실에 대한 비난은 또 다른 학교폭력이다

실제 사례를 하나 소개해 드릴까 합니다.

> 피해학생은 ① 가해학생이 수업 중에 공개적으로 언행을 지적하였고, ② 주말 약속을 일방적 취소하였으며, ③ 등교길 따돌림이 있었다는 이유로 가해학생을 학교폭력으로 신고하였습니다. 신고가 접수된 후 담임교사는 추가적인 분쟁으로 이어지지 않게 보호자에게 메시지 등으로 공지를 보내 생활지도를 부탁했고, 같은 공지는 피해학생, 가해학생의 반 학생들이 모여 있는 카카오톡 단체방에도 올렸습니다. 그런데 가해학생은 여러 학생들이 모여 대화하던 중 "이게 교육청 신고가 되냐", "허위사실로 신고하면 안 되냐"라고 이야기하는 등 피해학생의 학교폭력 신고사실을 비난했습니다. 이후 피해학생은 가해학생이 학교폭력 신고사실을 비난한 행위까지 재차 학교폭력으로 신고하였고, 심의위원회가 개최되었습니다.

어떤 결과가 있었을까요? 심의위원회는 피해학생이 처음 신고한 부분(공개적으로 언행 지적하는 것 등)은 마땅한 증거가 없고, 학생들 사이에 자연스럽게 생기는 갈등이나 분쟁이라고 보아 학교폭력으로 인정하지 않았습니다. 그럼 신고사실에 대한 비난도 어떻게 보면 맞는 이야기를 한 것이니 문제가 없었을까요? 심의위원회는 신고사실을 비난한 부분에 대해서는 학교폭력 신고를 위축시키고 정신적인 피해를 입힌다고 보아 학교폭력에 해당된다고 판단하고 서면사과 처분을 하였습니다. 가해학생은 불복하여 행정소송까지 하였으나, 법원도 심의위원회와 동일하게 학교폭력을 비난함으로써 정신적 고통을 주었다고 보아 학교폭력으로 인정하였습니다.

이 사건은 사실 가해학생이 학교폭력 신고에 대한 비난이라는 2차 가해를 하지 않았다면, 아무런 처벌 없이 끝났을 수도 있는 상황이었는데, 불필요하게 비난해서 심의위원회로부터 조치를 받게 되었다고 볼 수 있습니다. 그러니 보호자께서는 자신의 자녀가 가해학생으로 지목되었다면, 절대 2차 가해를 하지 않도록 주의를 기울일 필요가 있습니다. 설령 억울한 부분이 있더라도 공식적인 절차를 통해서 해결해야지, 이를 감정적으로 해결하려고 해서는 안 되겠습니다. 참고로 2차 가해는 학교폭력 신고가 종결된 이후에도 주의해야 하는데, 이 부분에 대해서는 사이버폭력과 관련된 부분에서 다시 다루도록 하겠습니다.

마. 맞폭신고,
해야 할까?

학교폭력의 양상은 너무나도 다양합니다. 성인들도 자신의 잘못은 작게 평가하고, 남의 잘못은 크게 평가하는 것이 일반적인데, 어린 학생의 경우는 어떨까요? 게다가 아무래도 보호자께서는 자녀를 전적으로 옹호하고 자녀의 말을 무조건 신뢰할 수밖에 없기 때문에 자기 자녀의 피해만 눈에 들어올 수밖에 없습니다.

그러니 이상한 일이 발생하기도 합니다. 예를 들어 보겠습니다.

A 학생과 B 학생은 오랜 기간 사이가 좋지 않았습니다. 둘 사이에 여러 사건이 있었는데, 하나하나 쌓이다 보니 서로 말도 안 하는 사이가 되었습니다. A 학생의 경우 단순히 말을 하지 않은 수준에서 B 학생을 대하였는데, 평소 학생들 사이에 A 학생의 인기가 좋다 보니 이를 시기한 B 학생은 다른 친구에게 A 학생에 대한 각종 욕설, 명예훼손적 발언들을 했습니다. 그 욕설과 명예훼손적 발언의 수위가 아주 높았지만, A 학생의 보호자는 별다른 대응을 하지 않았습니다. 그렇게 묵묵히 A 학생과 그 보호자는 B 학생의 발언을 듣고만 있었는데, 그 수위가 점점 높아지자, A 학생은 자신이 친한 친구와 함께 B 학생에게 왜 그런 소리를 하는지 물으러 갔습니다. 그러자 B 학생과 그 보호자는 A 학생과 그 친구들이 함께 찾아와 "특수협박"을 했다는 이유로 학교폭력을 신고하였습니다.

이 신고를 받은 A 학생의 보호자는 어떤 심정일까요? "마른하늘에 날벼락"이라고 할 수 있지 않을까요? 이런 사안과 같이 실제로는 신고학생이 더 심한 가해자인 경우도 종종 존재합니다. 이런 경우 어떻게 대응해야 할까요? 저는 이런 경우라면, 빠르게 신고학생에 대해서도 학교폭력 신고(일명 "맞폭"신고)를 해야 한다고 말씀드리고 있습니다. 맞폭신고가 이루어지면, 심의위원회가 판단하여 사안을 병합하여 처리하기도 하는데, 사건이 병합되면 심의위원회에서 가해행위와 피해행위를 함께 종합적으로 바라볼 수 있다는 장점이 있습니다.

● 맞폭신고가 무조건 정답은 아니다

그런데 주의해야 할 점은 맞폭신고가 항상 정답은 아니라는 것입니다. 간혹 맞폭신고를 이야기하는 사안 중에는 균형성이 맞지 않는 경우도 많습니다. 예를 들어 자신의 자녀는 폭행, 명예훼손적 발언 등을 이유로 신고를 당했는데, 신고학생이 방어하는 과정에서 욕설을 했으니, 맞폭신고를 해야 하는 것 아니냐고 주장하는 경우가 있습니다. 이는 "맞폭신고가 유리할 수 있다"는 잘못된 상식에 기반한 이야기라고 생각합니다.

이런 경우에는 오히려 맞폭신고 때문에 심의위원회로부터 더 높은 처분을 받을 수 있습니다. 심의위원회가 가해학생에 대한 조치를 판단하는 요소 중에는 화해 가능성, 반성 가능성이 있습니다. 그런데 여러분이 심의위원회 위원이 되었다고 생각해 봅시다. 어떤 학생은 본인의 잘못에 대해 반성을 하고 선처를 구하는 반면, 다른 학생은 반성하지 않고 남이 자신한테 한 작은 일까지 맞폭신고하여 다툰다고 한다면 화해 가능성이

나 반성 가능성을 높게 평가할 수 있을까요? 당연히 좋은 인상을 받을 수 없을 것입니다.

따라서 맞폭신고는 신중하게 생각해야 합니다. 무조건 잘못했다고 하고 용서를 구해야 할 사안인지, 아니면 적극적으로 맞대응해야 할 사안인지를 정확히 구분해서 맞폭신고 여부를 결정할 필요가 있습니다.

그리고 맞폭신고를 언제 할지도 잘 선택해야 합니다. 앞서 심의위원회에서 사안을 병합할 수 있다고 말씀드렸는데, 사안의 병합은 당사자가 요구할 수 있는 것도 아니고, 심의위원회에서 판단하여 결정하는 것입니다. 그러니 맞폭신고가 이루어졌다고 하더라도 병합하지 않고 각 사건을 따로 판단할 수 있습니다.

참고로 위 예시 사례는 제가 담당했던 사건의 사실관계를 일부 수정하여 소개한 내용인데, 해당 사건의 경우 이미 사건이 상당히 진행된 이후에 저를 찾아오셨기 때문에 맞폭신고를 하더라도 병합되지 않을 가능성이 높아 보였습니다. 그래서 저는 일부로 바로 맞폭신고를 하지 않고, 오히려 상호갈등이 있었음에도 맞폭신고를 하지 않았다는 점을 강조하며, 이 사안은 학생들 스스로 해결할 단순 갈등 사안이지, 심의위원회에서 다루어질 학교폭력 사안에 해당되지 않는다는 점을 심의위원회 위원님들께 말씀드렸습니다. 그 결과 다행히 "조치없음" 결정이 났고, A 학생은 학교폭력 혐의를 벗어날 수 있었습니다.

바. 사안의 병합이란 무엇일까?

앞서 맞폭신고가 이루어질 경우, 사안이 병합될 수 있다고 말씀드린 바, 사안의 병합에 대해 간략히 정리해 보고자 합니다.

● 병합이란?

병합은 여러 개의 사건을 하나의 절차로 심판하는 것을 말합니다. 일반적으로 소송 등에서 널리 활용되고 있습니다. 학교폭력에서는 특히 신고를 받은 학생이 역으로 피해학생을 신고하는 맞폭신고에 많이 활용되고 있습니다. 맞폭신고가 이루어진 학교폭력 사건을 각각의 사건으로 다룬다면, 심의위원회가 두 번 개최되어야 해서 같은 당사자들이 두 번 참석해야 하는 문제가 있습니다. 또한 당사자 입장에서는 이런 시간적인 불편 외에도 동일한 수준의 학교폭력임에도 심의위원회 위원의 성향에 따라 달리 평가받는 등 불합리한 판단이 나올 수 있기 때문에 한번에 병합하여 처리하는 것이 좋을 수 있습니다.

● 병합에 따른 이해관계

병합을 할 경우 가해학생과 피해학생 중 반드시 어느 당사자가 유리하다고 단정할 수는 없습니다. 형사 사건에서는 병합이 무조건 유리하다고 하지만, 학교폭력의 경우 받게 되는 조치에 따라서 생활기록부에 기재되는 가능성, 기간 등이 크게 달라 쉽게 말하기는 어렵습니다. 다만 현재까지 경험해 본 바로는 가해학생의 경우 ① 병합되어 높은 처분을 받는다고 하더라도, 중한 조치로 분류되는 4호 이상 조치가 쉽게 나오지 않는다는 점, ② 개별적으로 사안을 처리하기에 심리적, 시간적 어려움이 크다는 점, ③ 심의위원회에 여러 번 참석하는 것이 쉽지 않다는 점 등 때문에 대체로 한 번에 병합되어 처리하는 것을 선호하는 것으로 보입니다.

● 병합은 누가 결정할까?

병합 여부는 심의위원회에서 결정합니다. 그런데 심의위원회가 병합을 하지 않았다 또는 병합하였다는 이유로 절차 위반 등을 주장할 수 있을까요? 이에 대한 법원의 판단이 있었는데, 법원은 아래와 같은 이유로 병합에 대한 심의위원회 결정을 존중하고 있습니다.

> 학교폭력예방법은 학교폭력의 예방 및 대책에 관련된 사항을 심의하기 위하여 심의위원회를 두고 있고, 심의위원회는 피해학생의 보호, 가해학생에 대한 교육, 선도 및 징계 등의 사항을 심의하는 권한을 가지고 있다. 심의위원회는 심의대상인 일정한 학교폭력 사건의 구분을 위하여 특정한 사안번호를 부여하고 그와 같은 사

안번호를 기준으로 해당 사건을 심의하게 되는데, 학교폭력예방법령에서는 학교폭력 사건의 사안번호 부여에 관하여 어떠한 규정도 두고 있지 아니하므로, 피해학생의 보호 및 가해학생에 대한 징계 등에 관한 심의권한을 부여받은 심의위원회는 학교폭력 사건에 대해 어떤 사안번호를 부여할지에 관하여 상당한 재량을 가진다고 할 것이다(서울행정법원 2022. 6. 23. 선고 2021구합78046 판결).

상당한 재량이 있기 때문에 병합 여부에 대해 심의위원회가 어떠한 결정을 내리더라도 문제가 될 가능성은 매우 낮아 보입니다. 다만 각 가해행위가 시간적으로 떨어져 있고, 가해행위의 피해학생이 다르며, 가해 방식 또한 달라서 병합되는 사안들 사이의 유사성이 없거나 병합하여 진행하는 것이 관련학생 참여에 용이한 점조차 없는데도 심의위원회에서 무리하게 병합을 하였다면, 이는 재량을 일탈·남용한 행위로 볼 수 있어 절차적 위반이 있다고 판단받지 않을까 생각합니다.

사. 긴급조치는
   무엇일까?

　학교폭력예방법은 심의위원회의 개최 이전에도 학교장이 피해학생을 보호하기 위하여 또는 가해학생 선도를 위하여 일정한 조치를 취할 수 있는데, 이를 긴급조치라고 합니다.

　먼저 피해학생에 대한 긴급조치는 학교폭력예방법 제16조 제1항 단서에서 규정하고 있는데, 학내외 전문가에 의한 심리상담 및 조언(제1호), 일시보호(제2호), 치료 및 치료를 위한 요양(제3호), 그 밖에 피해학생의 보호를 위하여 필요한 조치(제6호)가 있습니다. 일반적으로 일시보호가 많이 사용되고 있는데, 일시보호를 통해 피해학생을 가정 등에서 보호할 수 있고, 등교하지 않아도 출석으로 인정받을 수 있습니다. 참고로 과거 학교폭력예방법에는 치료 및 치료를 위한 요양이 긴급조치 대상에서 제외되어 있었는데, 최근 개정안에서는 포함되었고, 향후 많이 활용될 것으로 보입니다.

　가해학생에 대한 긴급조치는 학교폭력예방법 제17조 제5항에 따라 학교장이 가해학생에 대한 선도·교육이 긴급하다고 인정할 경우 실시할 수 있는데, 같은 조 제1항에서 규정하고 있는 조치 중 서면사과(제1호),

학교에서의 봉사(제3호), 학내외 전문가, 교육감이 정한 기관에 의한 특별 교육이수 또는 심리치료(제5호), 출석정지(제6호), 학급교체(제7호)를 취할 수 있습니다. 참고로 과거 학교폭력예방법에는 학급교체가 긴급조치에서 제외되어 있었으나, 최근 개정안에는 포함되어 좀 더 강하게 가해학생으로부터 피해학생을 보호할 수 있게 되었습니다.

가해학생에 대한 긴급조치는 학교장이 이를 실시한 후 즉시 심의위원회에 보고하여 추인을 얻어야 하는 반면, 피해학생에 대한 긴급조치는 보고만 하면 된다는 점에서 둘 사이에 차이가 있습니다.

피해학생에 대한 긴급조치는 보고만 하면 되므로, 향후 심의위원회에서 학교폭력으로 인정할 수 없다는 결정을 하더라도, 기존에 내려졌던 긴급조치의 효력이 없어지는 것은 아닙니다. 즉 일시보호를 위해 등교하지 않아도 출석으로 인정해 주었던 것이 학교폭력이 아니라는 이유로 결석으로 바뀌는 것은 아닙니다. 그리고 가해학생에 대한 긴급조치는 추인을 얻어야 하기는 하나, 추인을 얻지 못한다고 하더라도 긴급조치 당시 필요성 등이 인정될 수 있으므로, 그 자체로 학교장 긴급조치가 위법하게 되는 것은 아닙니다. 이런 점에서 긴급조치를 처리하는 학교 입장에서는 피해학생에 대한 긴급조치인지, 가해학생에 대한 긴급조치인지에 따라 신경을 써서 보고 또는 추인으로 처리해야 하지만, 보호자께서는 "이렇게 처리된다" 정도로만 알면 되지 않을까 생각됩니다. 중요한 것은 피해학생 보호자라면, 자녀가 학교폭력을 당했을 때 활용할 수 있는 긴급조치의 종류 정도는 아시는 것이 좋지 않을까 생각합니다.

3장

학교장 자체해결과
심의위원회 개최 과정

가. 가해학생 입장에서
가장 원하는 시나리오: 학교장 자체해결

학교폭력 신고가 되면, 가해학생 입장에서 부담스러울 수밖에 없습니다. 물론 "왜 학교폭력을 했냐?", "안 했으면 되지 않느냐?"라고 말할 수도 있지만, 명명백백한 학교폭력이 아닌 사안도 많고, 때로는 단순한 갈등 사안이 학교폭력 신고로 이어진 경우도 많기 때문에 단순하게 가해학생만을 탓할 문제는 아닙니다.

어쨌든 현행 학교폭력예방법은 학교 내 설치된 학교폭력자치위원회에서 심의했던 과거와 달리, 교육지원청에 설치된 심의위원회에서 심의를 하기 때문에 엄청난 부담감이 있습니다. 당연하게도 보호자 입장에서는 자녀가 잘못하여 학교에 가는 것과 교육지원청에 가는 것은 엄청난 차이가 있을 수밖에 없습니다. 결과적으로 "조치없음" 처분을 받는다고 하더라도, 심의위원회 과정 자체가 힘들고, "조치없음" 처분에 대해 피해학생측에서 행정심판, 행정소송을 제기할 수도 있기 때문에 오랜 기간 부담감을 가질 수밖에 없습니다.

● 심의위원회 가지 않아도 된다!

그렇기 때문에 학교폭력 신고가 된 이상 가해학생 입장에서 가장 좋은 시나리오는 심의위원회까지 가지 않는 것입니다. 그리고 심의위원회로 가지 않을 수 있는 방법 중 하나는 학교폭력예방법 제13조의2에서 규정하고 있는 "학교장 자체해결"로 종결되는 것입니다. 구체적인 규정을 먼저 살펴보겠습니다.

제13조의2(학교의 장의 자체해결) ① 제13조 제2항 제4호 및 제5호에도 불구하고 다음 각 호에 모두 해당하는 경미한 학교폭력에 대하여 피해학생 및 그 보호자가 심의위원회의 개최를 원하지 아니하는 경우 학교의 장은 학교폭력사건을 자체적으로 해결할 수 있다. 이 경우 학교의 장은 지체 없이 이를 심의위원회에 보고하여야 한다.
1. 2주 이상의 신체적·정신적 치료가 필요한 진단서를 발급받지 않은 경우
2. 재산상 피해가 없는 경우 또는 재산상 피해가 즉각 복구되거나 복구 약속이 있는 경우
3. 학교폭력이 지속적이지 않은 경우
4. 학교폭력에 대한 신고, 진술, 자료제공 등에 대한 보복행위(정보통신망을 이용한 행위를 포함한다)가 아닌 경우

② 학교의 장은 제1항에 따라 사건을 해결하려는 경우 다음 각 호에 해당하는 절차를 모두 거쳐야 한다.
1. 피해학생과 그 보호자의 심의위원회 개최 요구 의사의 서면 확인
2. 학교폭력의 경중에 대한 제14조 제3항에 따른 전담기구의 서면 확인 및 심의

③ 학교의 장은 제1항에 따른 경미한 학교폭력에 대하여 피해학생 및 그 보호자가 심의위원회의 개최를 원하는 경우 피해학생과 가해학생 사이의 관계회복을 위한 프로그램(이하 "관계회복 프로그램"이라 한다)을 권유할 수 있다.

참고로 많은 학교폭력 사건이 이 학교장 자체해결로 처리되었습니다. 교육부의 통계에 따르면 2019년에는 11,576건, 2020년 17,546건, 2021년에는 28,791건, 2022년에는 38,450건이 학교장 자체해결로 처리되었는데, 2022년 기준으로는 약 60%의 학교폭력 사건이 학교장 자체해결을 통해 해결된 것입니다. 이처럼 많은 비율의 사건이 학교장 자체해결을 통해 해결되고 있으므로, 가해학생이라면 학교장 자체해결을 통해 해결될 수 있도록 적극적으로 노력할 필요가 있습니다.

● 피해학생 동의가 필요하다

이 규정을 통해 알 수 있는 것처럼 학교장 자체해결은 2주 이상의 신체적·정신적 치료가 필요한 진단서를 발급받지 않은 경우 등과 같이 "경미한" 사건에 한해서만 진행될 수 있습니다. 그런데 사실 그것보다 더 중요한 것은 "피해학생 및 그 보호자가 심의위원회의 개최를 원하지 아니하는 경우"여야 합니다. 즉 피해학생 측에서 동의하지 않는 이상 학교장 자체해결로 진행될 수 없습니다.

그렇기 때문에 저는 항상 가해학생과 보호자를 상담을 할 때 당장 억울한 부분이 있고, 짜증나는 부분이 있더라도 결코 피해학생을 자극하면 안된다고 조언하고 있습니다. 피해학생 측과 갈등이 발생하게 되면, 사실상 학교장 자체해결에 대한 동의를 받기가 어려워지기 때문입니다. 사안이 발생하면 가해학생 측에서는 기본적으로 '미안하다, 죄송하다'는 입장을 취하는 것이 추후 사태의 해결을 더 쉽게 하는 방안이고, 도저히 아무리 생각해도 잘못한 것이 없고 미안한 것 없다고 느낀다고 하더라도 최소한 피해학생 측과 적대적인 관계나 상황을 만들지는 말아야 할 것입니다.

● 진단서가 제출되면 학교장 자체해결의 기회는 사라진다

특히나 사안 초기에는 더욱더 피해학생 측을 자극해서는 안됩니다. 제 경험상 가해학생 측과 피해학생 측의 대립이 심해지면, 피해학생 측 입장에서는 피해가 크다는 점에 대해 객관적인 증거를 남기기 원합니다. 피해사실에 대한 대표적인 객관적인 증거가 무엇이 있을까요? 그렇습니다. 바로 "진단서"입니다.

병원에서 한 번쯤 진단서를 발급받아 보신 경험이 있는 분들이라면 아시겠지만, 보통 진단서의 경우 극히 경미한 사안이 아닌 이상 일반적으로 2주 이상의 치료가 필요하다고 기재됩니다. 이런 사정이다 보니 진단서가 제출된다면, 학교폭력예방법 제13조의2 제1항 제1호에 해당하지 못하게 되어 경미한 학교폭력으로 인정될 수 있는 가능성이 없어지게 되고, 당사자가 뒤늦게 원하더라도 학교장 자체해결로 해결할 수도 없게 됩니다.

간혹 "일단 진단서를 제출하고, 가해학생 측과 합의가 되면 제출한 진단서를 회수하고 학교장 자체해결을 요청하면 되지 않느냐?"는 질문을 하실 때가 있습니다. 결론부터 말씀드리면, 가능하지 않습니다. 학교폭력예방법에서 만약 "진단서를 제출하지 않은 경우"라고 표현되어 있다면 회수한 것은 제출이 없는 것으로 볼 수 있으니, 달리 판단할 여지가 있을 수도 있습니다. 그러나 학교폭력예방법 제13조의2 제1항 제1호에서는 "진단서를 발급받지 않은 경우"라고 되어 있는데, 진단서의 발급 주체는 피해학생이 아니라 병원이므로, 이미 제출한 진단서를 회수한다고 하더라도 병원의 진단서 "발급" 자체가 없던 일이 되는 것이 아닙니다. 따라서 제출한 진단서를 회수한다고 하여도 학교장 자체해결로 처리할 수는 없습니다.

진단서 회수에 대한 문제가 자주 발생하게 되자, 교육부는 「학교폭력 사안처리 가이드북」을 통해 "전담기구에서는 피해학생 측이 학교에 진단서를 제출한 이후에 의사를 번복하여 진단서를 회수하여도 자체해결 요건은 충족하지 않은 것으로 판단하므로 학교는 해당 내용을 사전에 안내"하라고 명시하기도 하였습니다.

이런 점에서 가해학생 보호자께서는 본인의 자녀가 학교폭력에 해당하는 잘못은 했으나, 경미하여 학교장 자체해결로 끝날 수 있다고 생각한다면, 사안 초기부터 최대한 피해학생에게 사과하고, 반성하는 모습을 보이는 등 노력을 통해 피해학생 측이 진단서를 제출하는 단계까지 나아가지 않도록 하는 것이 좋지 않을까 생각합니다.

● 학교장 자체해결 동의는 신중하게

반대로 피해학생 측 입장에서 말씀드리면, 학교장 자체해결에 대한 동의는 신중하게 결정할 필요가 있습니다. 학교장 자체해결은 학교폭력에 방법에서 명시하고 있는 학교폭력 사안의 종결 방법 중 하나입니다. 즉, 학교장 자체해결을 할 경우 정상적으로 종결된 사안이므로, 뒤늦게 이를 번복하고, 다시 심의위원회 개최를 요청하는 것은 원칙적으로 가능하지 않습니다.

물론 원칙적이라고 말씀드린 만큼, 예외 사유에 해당된다면 심의위원회 개최를 요구할 수 있습니다. 두 가지 경우가 있는데, 하나는 피해학생 및 그 보호자가 받은 재산상 손해를 가해학생 및 그 보호자가 복구하기로 약속하였으나 이행하지 않은 경우이고, 또 다른 하나는 해당 학교폭력사건의 조사과정에서 확인되지 않았던 사실이 추가적으로 확인된 경우입니다. 이 두 가지 경우에 해당하지 않는 이상, 이미 학교장 자체해결로 종결된 사안에 대해 재차 심의위원회 개최를 요구할 수는 없으므로, 학교장 자체해결에 대한 동의 여부에 대해 요청을 받았다면, 피해학생 및 보호자 님께서는 신중하게 결정할 필요가 있습니다.

참고로 피해학생 보호자께서 학교장 자체해결 취소를 가장 희망하는 때가 보통 가해학생이 재차 피해학생에게 가해행위를 했을 때입니다. 이런 경우라면 과거의 가해행위에 대해서는 다른 사정이 없는 이상 이미 이루어진 학교장 자체해결을 번복할 수는 없습니다. 그러나 새롭게 한 가해행위에 대해 별도로 학교폭력 신고를 할 수 있으니 별도의 학교폭력 신고를 진행하실 필요가 있습니다. 이때 의견서 등을 제출하여 해당 가해학생이 반성을 하지 않고 화해 가능성이 없음을 설명하는 동시에 선도될 가능성이 없음을 적극적으로 주장하여 높은 조치를 받게 할 수 있습니다.

나. 심의위원회 개최까지
기다릴 여유가 없다

여러 노력에도 학교장 자체해결로 종결되지 않았다면, 이제 심의위원회 절차를 거쳐야 합니다. 가해학생 및 보호자께서는 아래와 같은 참석 안내서를 받게 되는데, 많은 분들이 이때부터 소위 말하는 "멘붕(멘탈붕괴)"를 겪기도 합니다.

학교폭력대책심의위원회 참석 안내

본 위원회는 「학교폭력예방 및 대책에 관한 법률」 제12조에 의거하여 학교폭력대책심의위원회를 아래와 같이 개최하고자 하오니 참석하여 주시기 바랍니다.

1. 일　시:
2. 장　소:
3. 안　건:
4. 사안의 개요

위 사안개요는 신고 내용을 기반으로 작성되었으며, 학교폭력대책심의위원회의 사실 인정 여부와는 차이가 있을 수 있습니다.

20XX년 XX월 XX일
OO교육지원청 교육장 (직인)

* 참고 사항

1. 출석 관련 문의:

2. 학교폭력대책심의위원회 출석 시 유의사항

  • 출석 안내 통지서, 신분증(학생, 보호자 등), 기타 참고자료 지참
    지정된 대기 장소에 가서 신분 확인 후 대기(상황에 따라 대기 시간이 길어질
    수 있음)

3. 심의 당일 출석이 어려운 관련 학생, 보호자는 서면진술(의견)서(별지 양식)을
   작성하여 OO교육지원청 심의위원회 개최 전까지 제출

4. [선택사항] 학교폭력예방법 제13조 제4항에 따라 피해학생은 심의위원회에 전
   문가 의견 청취 요청 가능

5. 주차 공간이 협소하니 가능한 대중교통 이용 요망

● 멘붕할 시간이 없다!

그런데 이런 멘붕을 겪고 있을 시간이 없습니다. 가해학생 보호자의 입장이라면, 심의위원회 개최 전까지 철저히 준비하여 가해학생이 불필요하게 더 큰 처벌을 받지 않도록 할 필요가 있습니다. 물론 보호자께서 명백히 가해행위를 한 가해학생의 잘못을 없는 것으로 만들 수는 없습니다. 그러나 잘못한 것 이상으로 처벌받게 해서도 안 될 것입니다.

그리고 피해학생 보호자의 입장에서도 철저히 준비해야 합니다. 가해학생이 제대로 처벌받고, 다시는 피해학생에게 그 어떠한 가해행위를 못

하도록 할 필요가 있습니다. 이러한 준비는 피해학생이 하기 어려우므로, 피해학생 보호자께서 준비하셔야 합니다. 그러니 심의위원회가 개최되는 경우, 가해학생, 피해학생 가리지 않고 보호자께서는 철저히 준비할 필요가 있습니다.

● 의견서를 준비하자

그럼 무엇을 준비해야 할까요? 저는 사실관계 및 해당 사안 전반에 대한 구체적인 입장을 담아 심의위원회에 제출할 의견서를 작성하는 것이 가장 핵심적이라고 생각합니다.

왜 그럴까요? 이는 심의위원회의 운영 구조를 생각해 보면 알 수 있습니다. 심의위원회 위원들은 심의위원회 개최 전 미리 학교폭력에 대한 자료를 받지 않고, 회의 당일에야 관련 자료를 받게 됩니다. 개인정보 문제 등 여러 사정 때문에 어쩔 수 없는 부분입니다. 그렇기 때문에 심의위원회 위원들이 사안을 세세하게 파악하기가 어려운 점이 많습니다. 물론 심의위원회에서 가해학생과 피해학생에게 질의하고 있으니, 해당 질의에서 정확한 입장을 표명하면 문제없을 수도 있으나, 현장에서의 구두 질의·답변만으로 정확한 입장과 내용을 전달하기는 쉽지 않습니다. 이런 점을 고려할 때 자신의 입장을 정확히 반영한 깔끔하게 작성된 의견서를 미리 제출하면 심의위원회 위원들이 사건을 잘 파악할 수 있게 되며, 올바른 결정을 내리는 데 큰 도움을 줄 수 있습니다. 이런 점에서 사전에 의견서를 제출하는 것이 매우 좋습니다. 의견서를 통해 가해학생 입장에서는 갈등이 있기는 했으나 학교폭력에 해당되지 않는다거나, 잘못은 했으나 처벌이 낮아야 함을 소명할 필요가 있고, 피해학생 입장에서는 당한 피해와 겪고 있는 고통에 대해 상세히 소명할 필요가 있습니다.

　의견서를 직접 작성하여 제출하시는 것도 좋으나, 개인적으로 이 단계에서는 변호사의 조력을 받는 것을 추천합니다. 저는 상담을 할 때 보호자확인서 단계에서의 변호사 선임은 선택사항이지만, 심의위원회 준비 과정에서 변호사에게 의견서 작성을 맡기는 것은 필수라고 말씀드리고 있습니다.

　간혹 이런 저의 의견에 대해 의뢰인 중에서는 "변호사는 행정심판, 행정소송 때 쓰면 되는 거 아니에요?"라고 말씀하시기도 합니다. 이 부분에 대해서는 항을 바꿔 자세히 설명해 볼까 합니다.

다. 심의위원회 단계에서 변호사를 써야 하는 이유

왜 변호사를 행정심판, 행정소송이 아닌 심의위원회 단계부터 써야 할까요? 가장 큰 이유는 심의위원회 절차가 학교폭력 사건 처리과정에서 가장 중요하기 때문입니다. 물론 심의위원회 조치에 대해 불복할 수도 있지만, 심의위원회 결정에 불복하기 위해서는 행정심판 또는 행정소송을 진행해야 합니다. 그리고 행정심판과 행정소송을 담당하는 행정심판위원회 및 법원은 심의위원회 조치를 상당히 존중해 주는 경향이 있습니다.

● 심의위원회 조치에 대한 존중

우선 판결 하나를 소개해 드릴까 합니다. 매우 중요한 부분이므로 앞으로 아래 내용을 여러 번 소개해 드릴 예정입니다.

> 법령의 내용, 형식 및 취지 등에 비추어 보면, 교육장이 학교폭력 가해학생에 대하여 어떠한 조치를 내릴 것인지 여부는 교육장의 판단에 따른 재량행위에 속한다고 할 것이다. 나아가 피해학생의 보호, 가해학생의 선도·교육 및 피해학생과 가해학

생 간의 분쟁조정을 통하여 학생의 인권을 보호하고 학생을 건전한 사회구성원으로 육성하려는 학교폭력예방법의 입법 취지와 이를 위하여 심의위원회를 별도로 마련한 취지 등을 고려할 때, **교육전문가인 교육장이 심의위원회의 요청에 따라 교육목적에서 취한 조치는 최대한 존중되어야 한다**(광주지방법원 2022. 9. 15. 선고 2021구합13476 판결).

심의위원회 결정에 불복한 사건에서 법원이 기각을 내릴 때 자주 쓰는 표현이 "교육전문가인 교육장이 심의위원회의 요청에 따라 교육목적에서 취한 조치는 최대한 존중되어야 한다"입니다. 위 법원의 판결 내용에서도 알 수 있는 것처럼 심의위원회에서 내린 결정은 특별히 하자가 없는 이상 존중되고 있습니다. 즉, 법원단계에 나아가더라도 이미 내려진 처분과 다른 판단을 받기는 매우 어렵다고 할 수 있습니다. 이런 상황이다 보니 만족할 만한 결정을 얻기 위해서는 심의위원회 단계에서 적극적으로 대응할 필요가 있습니다.

그런데 변호사를 선임하지 않고 직접 진행하시는 경우 아무런 증거 없이 자신의 억울함만 나열하거나 법리적으로 맞지 않은 의견서를 낼 가능성이 높습니다. 이러한 의견서는 심의위원회의 판단에 그 어떠한 도움을 주지 못하고, 오히려 악영향을 미칠 가능성도 있습니다. 심의위원회에 의견을 내실 때는 정확히 사실관계를 정리하고 법리에 맞게 주장할 정리하고 관련 근거자료를 제출할 필요가 있습니다. 그러니 심의위원회 단계에서는 법률 전문가인 변호사를 선임하여 대응하는 것을 추천하고 있습니다. 이 단계에서 잘못 대응할 경우, 소송이나 행정심판단계에서 뒤늦게 수습하는 것은 매우 어렵다는 점을 기억하시기 바랍니다.

● 협상 가능성을 위한 선임

또한, 마지막까지 협상 가능성을 살려 두기 위해서라도 변호사를 선임하는 것을 추천합니다. 피해학생 측에서 동의하지 않아 학교장 자체해결로 종결되지 못하고, 심의위원회까지 나아간 사건의 경우에도 심의위원회가 실제 개최되기 전까지 피해학생 측의 동의를 받을 경우 심의위원회를 개최하지 않고 사건이 종결될 수 있습니다. 심의위원회가 개최되기 전까지 피해학생 측에서 "학교폭력대책심의위원회 개최 요구 취소 요청서"를 제출하면, 심의위원회 개최 없이 학교장 자체해결로 사건이 종결될 수 있습니다. 과거에는 취소 요청 절차가 복잡했으나, 최근에는 위와 같은 취소 요청서 제출만으로도 사건이 종결될 수 있게 절차가 대폭 감소되었습니다. 피해학생 측에서도 사건 초기에는 화가 많이 나 가해학생 측과 대화 자체를 하지 않았더라도 변호사가 선임되면, 변호사와는 의사소통을 하는 경우가 있습니다. 따라서 변호사 선임 후 변호사를 통해 재차 의견을 전달하고, 대화를 통해 마지막까지 심의위원회 개최 없이 학교장 자체해결로 사건을 마무리할 수 있도록 노력하는 차원에서라도 심의위원회 단계에서 변호사를 선임하여 다양한 방법을 강구해 보는 것이 좋지 않을까 생각합니다.

물론 변호사를 선임하면 비용은 발생합니다. 그 비용이 만만치 않기 때문에 꺼려지는 것도 이해합니다. 다만 학교폭력에 대한 처벌, 특히 생활기록부에 장기간 남을 수 있다는 점과 심의위원회 조치가 내려진 이후에 뒤늦게 행정심판, 행정소송을 통해 대응할 경우 오히려 더 큰 비용이 발생할 것이라는 점을 고려한다면, 사실상 사건 초기에 변호사를 선임하여 적극적으로 대응하는 것이 비용적으로도 이득이라고 생각합니다.

라. 심의위원회
꼭 참석해야 해요?

잘못한 일로 어디에 불려 나가는 것을 좋아하는 사람은 없을 겁니다. 심지어 본인도 아닌 자녀의 잘못이고, 나가면 좋은 소리는 못 들을 것이 뻔한 상황에서 더더욱 '가기 싫다'는 생각이 들 수밖에 없습니다. 이러한 상황에서 참석요청서에 기재된 다음과 같은 문구가 눈에 들어올 수밖에 없습니다.

> "심의 당일 출석이 어려운 관련 학생, 보호자는 서면진술(의견)서(별지 양식)를 작성하여 ○○교육지원청 심의위원회 개최 전까지 제출."

그러면 이런 생각이 들 수 있습니다. '그래! 의견서 제출하고 출석하지 말자' 그런데 이런 생각이 과연 정답일까요? 정말 출석하지 않고 의견서만 제출하면 충분할까요? 정답은 없겠지만 제 생각을 말씀드리면, "아니다"입니다. 저에게 상담 받으러 오시는 분들께도 단호히 "반드시 참석해야 합니다!"라고 말씀드리고 있습니다.

심의위원회의 위원은 법률전문가로만 구성되지 않습니다. 심의위원회 위원은 보호자, 전직 교원, 상담사 등 다양한 영역에서 활동하고 계시는 분들로 구성되어 있습니다. 보호자 위원, 전직 교원 출신 위원분들 중에서는 사안 자체도 중요하게 보지만, 학생의 반성, 개선 가능성을 더 중점적으로 보는 경우도 있습니다. 그리고 이렇게 다양한 시각으로 학생을 바라보는 것이 다양한 영역의 위원들로 심의위원회를 구성하도록 한 학교폭력예방법의 취지와도 맞다고 생각합니다.

이처럼 심의위원회는 다양한 배경의 위원들로 심의위원회가 구성되어 있고, 위원들 중에서는 다른 것보다도 학생의 태도, 반성 가능성을 중점적으로 보시는 분들이 계신데, 이런 위원들 입장에서는 가해학생이나 보호자가 출석하지 않으면 반성을 하고 있지 않다거나 개선가능성이 없다고 판단할 수 있습니다. 여러분들이 심의위원회의 위원들이라고 하더라도 가해학생과 보호자가 다른 일정을 이유로 나오지 않았다면, 가해학생이 사안의 중요성을 인지하지 못하다고 판단할 수밖에 없고, 제대로 반성하지 않았다고 생각할 수 있지 않을까요?

그리고 의견서로만 파악하기 어려운 부분도 있습니다. 예를 들어 피해학생이 "가해학생이 체육시간 활동과정에서 의도적으로 폭행했다"라고 주장하고 있다고 가정해 보겠습니다. 가해학생 측에서 의견서로 "체육 활동을 하다가 우연히 부딪힌 것이지, 결코 폭행한 것은 아니다"라고 주장하는 것도 의미가 있겠지만, 거기에 더해 직접 출석하여 당시 상황이 어땠는지 등을 현장감 있게 말한다면, 위원들이 정확히 사실관계를 파악할 수 있고, 올바른 결정을 할 수 있습니다. 가해학생은 불출석하였는데, 피해학생과 보호자는 출석하여 피해상황, 당시의 고통 등을 상세하게 전달한다면, 반대로 가해학생에게 더 엄중한 조치가 나올 가능성도 있습니다.

애들 싸움이 어른 싸움 되는 학교폭력

이런 점에서 저는 특히 가해학생 측이라면, 이유불문하고 심의위원회에 참석해야 한다고 생각합니다. 자녀의 미래에 큰 영향을 끼칠 수 있는 사안보다 중요한 일정은 없다고 생각합니다. 그러니 "다른 일정이 있어도 반드시 출석하라"고 강력히 말씀드리고 싶습니다.

● 전화로 참석이 가능할까?

직접 참여하기가 부담스러우니, 전화로 참여할 수 있을까요? 전화로 참석하는 방식이 가능할 수는 있습니다. 「학교폭력 사안처리 가이드북」 76쪽 이하에 따르면, 심의방식은 대면 심의를 원칙으로 하기 때문에, 피해 및 가해학생과 보호자가 심의위원회 직접 출석하여 진술해야 합니다. 그러나 피해 및 가해학생 측의 요구가 있거나 도서지역의 경우 등 특별한 여건을 고려할 필요가 있는 경우, 전화, 화상, 서면 등의 심의방식을 활용할 수 있다고 말하고 있습니다. 이런 점에서 요구 또는 필요성이 있다면 전화 등의 방식으로 심의위원회 진행이 가능할 수 있습니다.

그렇다면 요청한다면 무조건 전화 등의 방식으로 진행할 수 있을까요? 그렇지 않습니다. 법령에서 전화 등의 방식을 요청하는 경우, 무조건 받아 줄 것을 규정하고 있지 않고, 학교폭력예방법 제21조 제3항에서 심의위원회 회의는 비공개를 원칙으로 하고 있는데, 전화 등의 방식으로 진행할 경우 공개될 위험이 있다는 점에서 당사자가 요청한다고 하더라도 심의위원회는 전화 등의 방식을 받아 주지 않을 수 있습니다. 이런 점에서 심의위원회 "당일 직접 참여한다"는 생각으로 일정 등을 조정하실 필요가 있겠습니다.

마. 심의위원회 일정을 변경할 수 있을까?

민사소송을 진행하다보면, 변론기일에 참석하기 어려운 상황이 발생합니다. 이런 경우 법원에 기일변경신청을 하고, 법원이 허가를 하면 기일이 변경됩니다. 재판부가 허용하지 않는 경우도 있지만, 원·피고가 동의한다면 큰 문제 없이 기일을 변경할 수 있습니다.

그렇다면 소송에서의 기일 변경과 같이 심의위원회 일정도 변경할 수 있을까요? 우선 학교폭력예방법 등 관련 법령에서는 심의위원회 일정 변경 가능 여부에 대해 별도로 규정하고 있지는 않습니다. 다만 교육부에서 발간한 「학교폭력 사안처리 가이드북」에서는 "심의위원회는 시험 등 학사일정, 사안조사 과정에서 새로운 증거 발견, 관련 학생 및 보호자 의견진술 기회 부여 등 뚜렷한 이유가 있는 경우에 한해 연기 가능"하다고 밝히고 있습니다.

이런 점에서 심의위원회 일정 변경 자체가 불가능한 것은 아니라고 할 수 있습니다. 그렇다면 피해학생과 가해학생 측에서 연기를 요청하면 심의위원회는 이를 반드시 허용해야 할까요? 그렇지는 않습니다.

● 의견진술 "기회"를 부여하면 된다

학교폭력예방법 및 관련 법령에서 연기 요청을 허용해야 한다는 규정은 없습니다. 물론 학교폭력예방법 제16조 제2항, 같은 법 제17조 제8항은 "의견진술의 기회를 부여"하도록 정하고 있지만, 의견진술의 기회를 부여하면 되는 것이지, 반드시 심의위원회에 참석할 수 있게 해 줘야 하는 것은 아닙니다.

참고로 학교폭력 사례는 아니지만, 근로자의 징계가 문제된 사례에서 대법원은 아래와 같은 판단을 한 바 있습니다.

> "취업규칙 등의 징계에 관한 규정에 피징계자의 출석 및 진술의 기회부여 등에 관한 절차가 규정되어 있는 경우에는 그러한 절차는 징계처분의 유효요건이지만, 그 규정의 취지는 피징계자에게 징계혐의 사실에 관하여 자신에게 이익되는 소명의 기회를 부여하여야 한다는 데 있고 소명 자체가 반드시 있어야 하는 것은 아니므로 그 기회를 부여하였는데도 소명하지 아니하고 연기요청을 하는 경우에는 연기요청에 불구하고 피징계자의 참석과 의견개진 없이 징계위원회를 예정대로 개최할 수 있다."(대법원 1995. 5. 23. 선고 94다24763 판결)

위 판례를 학교폭력 사안에도 유사하게 적용될 수 있지 않을까 생각됩니다. 즉, 심의위원회에서는 당사자에게 의견진술의 기회를 부여하면 될 뿐, 연기 요청을 받아들여 반드시 참석할 수 있도록 해 줄 필요는 없습니다. 따라서 연기 요청을 받아주지 않았다는 이유로 절차 위반 등을 주장하기는 어렵습니다.

앞서 심의위원회는 꼭 참석하는 것이 좋다고 말씀드렸습니다. 그러니

다른 일정이 있었더라도 그 일정을 취소하고 꼭 참석하는 것이 바람직해 보입니다. 그럼에도 도저히 조정이 불가능한 경우라면, 어쩔 수 없이 서면 진술의견서라도 제출해야 하고, 그때 제출하는 서면 진술의견서는 충분하고 확실하게 작성할 필요가 있습니다.

한 가지 팁을 드린다면, 아직 구체적인 심의위원회 일정이 나오지 않았을 때 사전에 담당 교육지원청에 특정한 날짜에 참석이 어려운 점을 말씀드리고, 최대한 날짜를 조정해 달라고 요청해 볼 수도 있습니다. 물론 교육지원청은 이러한 요청에 구속되지 않고, 교육지원청마다 사정이 있기 때문에 요구한다고 하여 반드시 되는 것은 아닙니다. 개인적인 경험으로는 특정 날짜에 심의위원회를 개최해 달라는 요구는 받아 주지 않지만, 특정 날짜를 피해 달라는 요청 정도는 느낌상 어느 정도 고려해 주시는 것으로 보입니다.

심의위원회 일정 조정에 대한 권리가 법령에서 규정되어 있는 것이 아니고, 교육지원청도 학생이나 보호자의 요구를 수용할 의무는 없습니다. 그러니 최대한 정중하게 어려운 점을 잘 설명하는 것이 어떨까 합니다.

바. 분쟁조정제도란?

본격적으로 심의위원회를 다루기에 앞서 분쟁조정제도에 대해 정리해 볼까 합니다. 분쟁조정은 심의위원회 또는 교육감이 학교폭력과 관련된 분쟁을 조정하는 제도입니다. 어떻게 보면, 꼭 필요한 제도 같기도 합니다. 그래서 그런지 학교폭력을 다루는 변호사님들 중에서는 이 제도를 활성화해야 학교폭력 제도를 개선할 수 있다고 주장하기도 하십니다.

그런데 개인적으로는 분쟁조정제도에 대해 조금 부정적으로 생각합니다. 상호 간 분쟁이 조정되려면, 가장 필요한 것이 무엇일까요? 다름 아닌 상호 간의 "동의"입니다. 그런데 이미 이 단계까지 왔다는 것은 상호 간 동의가 될 가능성이 극히 낮다는 의미입니다. 미리 치료비, 기타 손해에 대한 배상 등을 합의하고 학교폭력 사건의 종결에 대한 의사 합치가 가능했다면, 앞서 말씀드린 학교장 자체해결로 종결하였을 것입니다. 그렇기 때문에 저는 지금 규정대로 운영한다면 분쟁조정제도는 크게 실효성이 없는 규정이라고 생각합니다.

물론 학교폭력 사건이 발생하면, 가해학생 측에서는 피해학생 측과의 접촉이 어려울 수도 있고, 합의 시도 자체가 어려운 경우도 있습니다. 이런 상황이라면 가해학생 측은 이 제도를 통해 분쟁조정을 요청해 본다는 측면에서는 의미가 있을 수도 있을 것 같습니다. 이러한 점을 참고하여 활용방안에 대해 고민해 보는 것도 좋을 것 같습니다.

사. 심의위원회 참석 전까지 피해학생에 대한 끊임없는 사과가 필요하다

심의위원회 참석을 앞둔 가해학생과 보호자께 꼭 말씀드리고 싶은 부분이 있습니다. 심의위원회 참석 전까지 의견서 제출만큼이나 꼭 하셔야 할 일이 있습니다.

● 아무리 강조해도 지나치지 않은 피해학생에 대한 사과

바로 피해학생에 대한 "사과"입니다.

물론 모든 경우에 해당하는 것은 아닙니다. 많은 사례를 보다 보면, 학교폭력이라고 볼 수 없는 행위도 학교폭력으로 신고되는 경우가 있습니다. 예를 들어 체육시간에 고의 없이 부딪힌 사고처럼 도저히 "폭력"이라고 볼 수 없는 사안을 학교폭력이라고 신고하고, 학교장 자체해결에 동의하지 않아 심의위원회까지 올라가기도 합니다. 이런 경우라면, 당연히 사과보다는 사실관계를 정확히 설명하는 것이 더 중요할 수 있습니다(이경우에도 만약을 대비하여 일단은 상대방이 상처받은 부분에 대해 도의적인 책임을 지겠다는 등의 최소한의 사과는 건네는 방법을 조언드릴 때도 있습니다).

어쨌든 일단은 학교폭력에 해당될 수 있는 상황이라면, 저는 가장 먼저 할 일은 피해학생에 대한 사과라고 생각합니다. 가해학생 보호자께서는 냉정해지실 필요가 있습니다. 심의위원회까지 간 사안에서 학교폭력이 맞다면 판단되면 무조건 조치가 나올 것입니다. 뒤에서 자세히 설명하겠지만, 가해학생 입장에서는 1호(서면사과), 2호(접촉금지등), 3호(교내봉사) 중 하나의 조치가 나와야 합니다. 왜냐면 위 3개의 조치는 그 조치를 이행하고 동일 학교급에서 더 이상 학교폭력으로 조치를 받지 않으면 생활기록부에 기재되지 않기 때문입니다. 심의위원회는 ① 심각성, ② 고의성, ③ 지속성, ④ 반성 정도, ⑤ 화해 가능성 등 5가지 요소를 기준으로 조치를 결정하는데, 가해학생의 진심어린 사과가 있다면 심각성, 고의성, 지속성 항목에 대해서는 별다른 영향을 미치지 못해도(물론 저는 영향이 있다고 생각합니다) 반성 정도와 화해 가능성에서는 좋은 평가를 받을 수 있습니다. 여러분이 심의위원회 위원이라도, 꾸준하게 사과를 한 사람과 그렇지 않은 사람에 대해 반성 정도와 화해 가능성을 다르게 평가하지 않을까요? 5개의 기본 판단 요소 중 반성 정도와 화해 가능성 이 2개 부분에 대해 좋게 평가받는다면, 정말 심각한 학교폭력 사안이 아닌 이상, 4호 이상의 조치가 나올 가능성이 현저히 떨어집니다. 그러니 지속적인 진심 어린 사과가 반드시 필요하다고 생각합니다.

간혹 이런 사과에 대해 쉽게 생각하시는 분들이 계십니다. 아이를 위해 사과의 의사가 없는데, 사과하는 척할 수 있는 것 아니냐? 악어의 눈물 아니냐?라고 생각할 수 있습니다. 그런데 사과하는 척도 한두 번 정도 가능한 것이지, 꾸준하게 사과하는 것은 진심이 아닌 이상 불가능합니다. 심의위원회 위원들은 다양한 분야의 전문가로 구성되어 있고, 많은 사례를 경험하셨으므로, 악어의 눈물에 불과한 사과에 속을 가능성은 없습니다. 그러니 결코 쉬운 일이 아닙니다.

제가 담당했던 사건 중에는 꽤 심각한 폭행사건도 있었습니다. 단순히 학교폭력 사안으로 그친 것이 아니라, 경찰조사를 거쳐 소년보호재판까지도 갔던 사안이었습니다. 그 사건에서도 저는 무엇보다도 사과가 중요하다고 말씀드렸고, 가해학생 측 어머니는 사안이 접수되고 심의위원회가 열리기 전까지 약 2달 동안을 피해학생 보호자에게 하루도 빠짐없이 매일 사과문자를 보냈습니다. 피해학생 측 보호자께서 사과를 완전히 받아들이지는 않았지만, 결과적으로 민사소송 등 추가적인 대응을 하지 않았고, 심의위원회도 가해학생 측 보호자의 이러한 노력을 인정하여, 다른 부가적인 조치 없이 1호 서면사과 조치만을 내리기에 이르렀습니다. 마찬가지로 소년보호재판에서도 이러한 가해학생 측의 노력을 인정하여 판사님께서 "이번 한 번은 기회를 주겠다"라고 하시며 최소한의 처분만을 내렸습니다. 해당 보호자께서는 저에게 많은 고마움을 표현했지만, 사실 저는 이 보호자께서 전적으로 제 의견을 믿고 실천해 주셨기 때문에 가능했던 성과가 아니었나 생각합니다.

사과를 하기 위해서는 무엇보다도 사안을 피해학생 관점에서 바라보아야 합니다. 쉽게 말하자면, "겨우 이런 것도 학교폭력이야?"라는 생각이 아니라, "이런 것까지도 학교폭력일 수 있다"는 생각을 가지셔야 합니다. 본인 자녀가 잘못된 행동을 했음을 인지하고, 심의위원회가 개최되기 전까지 끊임없는 사과를 한다면 분명 좋은 결과가 있을 것이라 생각합니다.

4장

심의위원회 진행절차와
대응방안

가. 심의위원회 어떻게 진행될까?
출석과 대기

대다수 보호자께서는 심의위원회에 처음 참석하실 테니 두려움이 많으실 것입니다. 돌이켜보면 저도 변호사가 된 후, 처음 법정에 출석할 때는 두려움이 컸습니다. 처음에는 보통 경험이 많은 파트너 변호사와 함께 가는데, 파트너 변호사가 갑자기 바쁘다고 하셔서 처음임에도 혼자 법정에 출석하게 되었습니다. 그때 느꼈던 공포는 엄청 났습니다. 그런데 인터넷에 어떤 변호사님께서 신입 변호사를 위해 변호사의 법정 출석 절차와 방법에 대해 상세하게 정리해 주신 글을 발견했습니다. 그 덕분에 한결 마음이 편했고, 무사히 변론을 마칠 수 있었습니다. 그때 좋았던 기억을 바탕으로, 저도 여러분들께 심의위원회 출석에 두려움이 발생하지 않도록 상세하게 심의위원회 진행절차에 대해 알려 드리고자 합니다.

많은 노력에도 불구하고, 피해학생 측에서 동의하지 않는 이상 경중 여부를 불문하고 무조건 심의위원회를 가게 되어 있으므로, 가해학생 보호자께서는 심의위원회에 간다는 사실 자체로 우울하실 필요는 없습니다. 피해학생 보호자께서는 심의위원회까지 가기로 마음먹은 만큼 잘 준비하여 본인의 자녀를 제대로 보호할 필요가 있습니다. 그럼 심의위원회

애들 싸움이 어른 싸움 되는 학교폭력

출석 과정부터 하나씩 설명드리겠습니다.

● 교육지원청에서 진행된다

일단 심의위원회는 학교가 소속된 교육지원청에서 진행됩니다. 그런데 학원에서 학교폭력이 발생된 경우와 같이 가해학생과 피해학생 간의 소속 학교가 다르고, 이에 따라 관할 교육지원청이 다른 경우가 있을 수 있습니다. 학교폭력예방법 제12조 제1항 단서와 같은 법 시행령 제13조 제1항에 따르면, 이런 경우에는 둘 이상의 교육지원청이 공동으로 심의위원회를 구성할 수 있습니다. 즉, 가해학생과 피해학생이 다른 학교에 소속되어 관할 교육지원청이 다르면, 공동으로 심의위원회가 구성되는데, 이 경우 진행이 어떤 교육지원청에서 이루어지는지에 대해서는 따로 규정하지는 않은 것으로 보입니다. 다만 개인적인 경험을 비추어 볼 때에는 보통 피해학생이 소속된 교육지원청에서 이루어지는 것으로 보입니다.

● 여유 있게 참석하자

보통 자녀와 함께 심의위원회에 참석하다 보니 자차로 이동하시는 경우가 많습니다. 교육지원청마다 사정은 다르겠지만, 적어도 제가 방문한 교육지원청 중에는 주차장이 넉넉한 곳을 거의 보지 못했습니다. 그러니 자차를 이용한다면 만약을 대비하여 미리 주변 주차장을 확인해 보는 것이 좋을 것 같습니다. 시간을 넉넉하게 오시는 분이 대다수지만, 개최시간에 맞추어 빡빡하게 오시는 분들도 많고, 주차장을 찾지 못해 심의위원회에 지각하는 경우도 보았습니다. 심의위원회에서는 "인상"이 꽤 중요합니다. 그런데 심의위원회에 늦게 오면, 발언의 기회가 없을 수도 있고, 설령 위원님들께서 기다려 주신다고 하더라도 처음부터 좋은 인상을 주기가 어렵습니다. 그러니 이러한 점을 참고하여 넉넉한 시간을 두고 참석하시는 것이 좋습니다.

　교육지원청에 도착하면, 대기실 앞에서 신분확인을 거칩니다. 그리고 자신의 순서가 될 때까지 지정한 대기실에서 기다립니다. 당일 심의위원회에서 피해학생과 가해학생의 의견 진술이 각각 이루어지는데, 피해학생의 의견 진술이 먼저 이루어지고 그 다음 가해학생의 의견 진술이 이루어집니다. 이처럼 피해학생이 먼저 진술하기 때문에 피해학생의 진술 시간이 늦어지는 경우는 거의 없습니다. 그런데 가해학생의 경우 보통 사전에 공고한 시간과 별 차이 없는 시간에 의견 진술이 시작되지만, 앞선 피해학생 의견 진술이 길어지는 경우거나 피해학생 또는 가해학생 숫자가 많은 경우 등등 여러 변수에 따라 사전에 공고한 시간보다 더 늦게 의견 진술이 시작될 수 있습니다. 제가 경험한 사안 중에는 가해학생의 의견 진술이 사전에 공고된 진술 시간보다 약 1시간 가까이 뒤늦게 시작한 경우도 있었습니다. 이러한 점을 참고하여 심의위원회 당일은 넉넉하게 일정을 잡으시기를 추천합니다.

　참고로 피해학생과 가해학생 사이의 진술이 불일치하는 사정 등이 있다고 하더라도, 대질심문의 형태로 두 학생이 동시에 심의위원회에서 의견을 진술하는 경우는 없습니다. 따라서 피해학생 측에서는 심의위원회에서 가해학생을 만나 함께 의견을 진술해야 하는 것은 아닌가 하는 걱정은 하실 필요가 없겠습니다.

나. 심의위원회 어떻게 진행될까?
참여 자세와 위원의 제척, 기피, 회피

시간이 되면, 심의위원회 간사께서 입장을 안내합니다. 이때 전자기기 등은 모두 제출하시고 입장해야 합니다. 핸드폰은 당연히 제출해야 하고, 스마트워치 등도 모두 제출해야 합니다. 어떤 변호사님께서는 자신의 입장을 아이패드에 정리해 두었는데, 아이패드도 제출하라고 해서 당황했다는 이야기를 하신 적이 있습니다. 그러니 학생과 보호자께서도 하실 말씀이 있다면 전자기기가 아닌 종이에 작성하시기 바랍니다.

● 앉은 자세를 보는 위원도 있다

교육지원청마다 심의위원회 회의실의 환경이 크게 다릅니다. 회의실이 넓기도 하고 협소하기도 하며, 책상과 의자 상태도 다릅니다. 왜 이런 이야기까지 하는지 궁금하실 텐데, 주의해야 할 점이 있기 때문입니다. 학교폭력 사건과 거의 유사한 절차와 방식으로 진행되는 것이 교육활동 침해(교권침해) 사건입니다.

교육활동침해란, 선생님이 교육활동과 관련하여 학생, 학부모 등에 의해 교육할 권리를 침해받는 경우를 말합니다. 이러한 교육활동 침해의 경우에도 교육지원청의 지역교권보호위원회에서 심의하고 조치를 결정하는데, 저는 현재 서울 3개 교육지원청의 지역교권보호위원회로 위원으로 활동하고 있습니다. 그런데 위원회 활동 중 한 지역교권보호위원회 위원님께서 하시는 말씀이, "나는 항상 책상 밑을 본다. 가해학생과 보호자가 단정하게 앉아 있지 않고 다리를 꼬고 있거나 떠는 모습을 보면 그들이 진정으로 반성하는지 의문을 가지게 된다"는 것이었습니다. 참고로 그 말씀을 하신 위원의 경우 지역교권보호위원회뿐만 아니라 학교폭력 사건의 심의위원회 위원으로도 활동하고 계신 분이었습니다. 위원들마다 각자의 기준으로 살펴보는 것이니, 해당 위원의 평가 방식에 대해 왈가왈부하기는 어렵습니다만, 중요한 것은 이렇게 심지어 앉은 자세를 중요하게 보시는 위원도 있다는 사실입니다. 그러니 심의위원회 회의실에서 항상 자세를 바르게 해서 앉아 있도록 하고, 다리를 꼬거나 떠는 등 건들거리는 모습을 보여서는 안 되겠습니다.

● 심의위원회 위원의 제척, 기피, 회피

심의위원회가 시작되면, 심의위원회 위원장께서는 우선 불공정하게 심의를 할 우려가 있는 위원이 있는지 물어보는 과정이 있습니다. 이는 학교폭력예방법 시행령 제26조에 근거하고 있습니다.

학교폭력예방법 시행령 제26조(심의위원회 위원의 제척 · 기피 및 회피)
① 심의위원회의 위원은 법 제16조, 제17조 및 제18조에 따라 피해학생과 가해학

애들 싸움이 어른 싸움 되는 학교폭력

생에 대한 조치를 요청하는 경우와 분쟁을 조정하는 경우 다음 각 호의 어느 하나에 해당하면 해당 사건에서 제척된다.

1. 위원이나 그 배우자 또는 그 배우자였던 사람이 해당 사건의 피해학생 또는 가해학생의 보호자인 경우 또는 보호자였던 경우
2. 위원이 해당 사건의 피해학생 또는 가해학생과 친족이거나 친족이었던 경우
3. 그 밖에 위원이 해당 사건의 피해학생 또는 가해학생과 친분이 있거나 관련이 있다고 인정하는 경우

② 학교폭력과 관련하여 심의위원회를 개최하는 경우 또는 분쟁이 발생한 경우 심의위원회의 위원에게 공정한 심의를 기대하기 어려운 사정이 있다고 인정할 만한 상당한 사유가 있을 때에는 분쟁당사자는 심의위원회에 그 사실을 서면으로 소명하고 기피신청을 할 수 있다.

③ 심의위원회는 제2항에 따른 기피신청을 받으면 의결로써 해당 위원의 기피 여부를 결정해야 한다. 이 경우 기피신청 대상이 된 위원은 그 의결에 참여하지 못한다.

④ 심의위원회의 위원이 제1항 또는 제2항의 사유에 해당하는 경우에는 스스로 해당 사건을 회피할 수 있다.

우선 제척, 기피, 회피라는 용어에 대해 간단히 설명드리겠습니다. "제척"은 위원이 특정 사건에 대하여 법률에서 정한 특수한 관계가 있을 때에 법률상 그 사건에 관한 직무 집행을 행할 수 없도록 하는 것을 말하는데, 여기서 특수한 관계란 배우자, 보호자, 친족, 그 밖에 친분이 있는 경우를 의미합니다. "기피"는 위원이 불공정하게 사건을 처리할 염려가 있는 경우 당사자가 신청하여 위원이 그 직무 집행을 할 수 없게 하는 것을 말하며, 마지막으로 "회피"는 위원 스스로가 기피의 원인이 있다고 판단

한 때 자발적으로 직무 집행을 하지 않기 위해 사건에서 탈퇴하는 것을 말합니다.

여러 사정을 볼 때 특정 위원이 불공정하게 사건을 처리할 염려가 있다면 당사자는 해당 위원에 대해 기피 신청을 할 수 있고, 심의위원회가 의결로 기피 여부를 결정하게 됩니다.

물론 저는 아직까지 당사자가 기피 신청을 하는 경우는 보지 못했습니다. 교육지원청이 위원풀(POOL)에서 위원들의 이력 등을 보고, 적절하게 위원들을 구성하므로, 대체로 특별한 문제가 없기 때문이기도 합니다만, 사실상 이 절차가 실효적이지 못한 점도 있습니다.

그 이유는 당사자들은 심의위원회 참석하기 전까지 어떤 사람들이 위원으로 참여하는지 알 수 없다는 데 있습니다. 위원들의 이력이 사전에 공개된다면, 당사자들이 기피할 것인지 등을 미리 판단할 수 있겠지만, 당사자들에게 어떠한 정보도 알려 주지 않기 때문에 심의위원회 당일 위원들의 얼굴만 확인하고 불공정한 심의를 할 것인지를 판단해야 하는 실정입니다. 제가 지역교권보호위원회 위원으로 참여했던 사안 중에는 위원들의 이력을 알려 주지도 않았는데, 어떻게 기피신청을 판단할 수 있냐는 불만을 듣기도 하였습니다.

해결책을 제시하고 싶지만, 이 부분에 대해서는 마땅한 방안이 없습니다. 물론 최근 국가인권위원회에서는 심의위원회 개최 전 적절하게 심의위원회 위원의 명단을 공개하는 등 업무처리의 관행을 개선할 것을 권고하기도 했습니다(23진정0261300). 그런데 사전에 심의위원회 위원들의 이력을 공개하게 되면 또 다른 문제가 발생할 수 있습니다. 대표적인 예로, 당사자들이 위원들에 대해 개별적으로 접촉할 수 있다는 우려가 있습니다. 이런 점에서 저는 공정성을 확보하기 위해서라도 지금과 같은 비공개 방식이 타당하다고 생각합니다. 다만 특정 위원의 성향이나 배경으로 인한 불공정성을 해결하기 위해 심의에 참여하는 위원들의 숫자를 좀 더 늘리는 등 개선책을 강구할 필요는 있다고 생각합니다. 위원들의 숫자가 늘어난다면, 위원 한 명 한 명의 발언력은 낮아지니, 특정 위원으로 인한 불공정 심의 가능성은 더 떨어질 것이기 때문입니다. 물론 이러한 방안에도 사실 큰 문제가 있습니다. 바로 예산이 많이 든다는 점입니다.

어쨌든 심의위원회에 참석하신 당사자들께서는 심의위원회 위원장께서 기피 여부를 물어보면, 심의위원회 위원들의 얼굴을 잘 관찰하고, 기피 여부를 고민한 후 특별한 사정이 없을 경우 "없다"고 답변하시면 되겠습니다.

다. 심의위원회 어떻게 진행될까?
사실관계 확인

심의위원회 위원에 대한 제척, 기피, 회피 여부에 대한 확인이 끝난 후, 심의위원회 위원장께서는 먼저 사실관계에 대한 확인 절차를 진행하십니다. 사실관계 확인은 교육지원청으로부터 받은 출석통지서에 적힌 사안개요의 진위여부를 확인하는 절차입니다.

사전에 의견서를 제출하는 방식 등으로 사실관계에 대한 명확한 의견을 이미 밝혔더라도 심의위원회 위원장께서는 학생에게 다시 구두로 사실관계를 확인합니다. 피해학생의 경우 자신의 신고사실이 거의 그대로 기재된 것이기 때문에 수정할 사안이 많이 없겠지만, 가해학생 입장에서는 구체적인 사실마다 모두 인정하는지, 아니면 부분만 인정하는지, 그것도 아니면 모두 부정하는지에 대해 명확한 의견을 밝힐 필요가 있습니다.

● 학생이 직접 준비해야 한다

그런데 여기서 중요한 부분이 있는데, 학생(특히 가해학생)이 평소 말을 잘하지 못하는 편이라면 이에 대해 명확히 자신의 의사를 밝히는 연

애들 싸움이 어른 싸움 되는 학교폭력

습을 해 둘 필요가 있습니다. 오해하지 마셔야 할 부분은 거짓말을 연습하라는 것이 아니라, 진실에 대한 자신의 의사를 정확히 표현하는 방법을 연습해야 한다는 것입니다.

사실관계 확인 과정에서는 "모두 인정한다"고 말했다가 심의위원회가 진행되는 도중에 이를 번복하는 말을 하게 된다면, 진술이 일관되지 않아 거짓이 있다고 오해를 불러일으킬 수 있습니다. 그러니 이를 대비하여 자신의 의사를 명확히 표현하고, 설명하는 연습이 필요합니다.

실무적으로 교육지원청마다 진행하는 방식이 조금씩 다른 것 같은데, 어떤 교육지원청에서는 학생이 명확히 자신의 의사를 표현하지 못하면 보호자 또는 변호사가 옆에서 조력을 하여도 별다른 제재를 하지 않았습니다. 반면, 또 다른 교육지원청의 경우 보호자 또는 변호사가 일절 개입을 하지 못하도록 하고, 오로지 학생만 진술하도록 하고 있습니다. 제 경험상, 보통 보호자나 변호사가 개입을 하지 못하게 하여도, 일단 학생이 답변을 하고 나면, 그 뒤에 보호자나 변호사가 "첨언하여도 되는지요?"라고 물었을 때는 허용하는 경우가 많았습니다. 그런데 특정 교육지원청의 경우 첨언조차도 못 하게 하는 경우도 있었습니다. 본인이 어떤 교육지원청, 그리고 어떤 심의위원회 위원 앞에서 진술할지는 알 수 없으므로 이러한 경우도 있다는 점을 고려하여, 미리 학생이 직접 명확히 사실관계에 대해 진술할 수 있도록 준비할 필요가 있습니다.

라. 심의위원회 어떻게 진행될까?
변호사의 참석과 조력

헌법 제12조 제4항에서는 "누구든지 체포 또는 구속을 당한 때에는 즉시 변호인의 조력을 받을 권리를 가진다"고 규정하고 있습니다. 그런데 해당 규정은 "체포 또는 구속"을 당했을 때 적용되는 규정이므로, 해당 헌법 규정을 근거로 학교폭력 심의위원회에 변호사가 참석해야 한다고 주장할 수는 없습니다.

● 변호사 참석을 거부하면, 절차적 하자의 문제가 발생한다

다만 체포 또는 구속의 상황이 아니더라도 경우에 따라 법원은 변호사의 조력을 받는 권리를 법률상 권리로 인정하고 있습니다. 그런데 학교폭력예방법에 변호사 참석에 관해 별다른 규정이 없는 상황이라 심의위원회에 변호사 참석을 허용해야 하는지에 대해서는 논란이 있었습니다. 그래서 과거 일부 교육지원청에서는 변호사가 참석한다는 점을 미리 심의위원회에 통지하고, 심의위원회 위원장이 허락해야 가능하다고 보는 경우도 있었습니다.

애들 싸움이 어른 싸움 되는 학교폭력

변호사의 참석을 거부한 것에 절차적 하자가 있는지 문제된 상황에서 최근 법원은 "징계심의대상자가 선임한 변호사가 징계위원회에 출석하여 징계심의대상자를 위하여 필요한 의견을 진술하는 것은 방어권 행사의 본질적 내용에 해당하므로, 행정청은 특별한 사정이 없는 한 이를 거부할 수 없다"(울산지방법원 2022. 1. 20. 선고 2020구합7874 판결 등)고 판단하여, 변호사 참석을 막은 것을 절차상 하자가 있다고 보았습니다.

이러한 법원의 판결이 나온 이후에는 교육지원청에서 변호사의 참석을 막는 경우는 보지 못했습니다만, 여전히 심의위원회 위원장의 허가가 있어야 한다고 주장하는 곳이 있습니다. 그렇기에 저는 변호사 선임신고서, 경유확인서 등을 제출하는 것 외에 심의위원회를 존중한다는 차원에서 사전에 서면 등으로 변호사 참석의 허락을 요청하는 아래와 같은 서류를 작성하여 제출하기도 합니다. 제가 개인적으로 만든 양식에 불과하므로, 참고 정도만 하시면 좋을 것 같습니다.

변호인 참여 신청서

사   건:

신고학생:

　　위 사건에 관하여 신고학생 ○○○의 변호인은 20   .   .   .   　시경에 개최 예정인 학교폭력대책심의위원회에 참여하여, 신고학생 ○○○ 및 보호자의 진술에 조력하고자 하오니, 변호인의 참여를 허가하여 주시기 바랍니다.

　　　　　　　　　　　　　20   .   .   .

　　　　　　　　　　　　　　　　　　　　　　　위 신고학생의 대리인

　　　　　　　　　　　　　　　　　　　　　　　변호사 손영우

　　참고로 심의위원회에 학생 및 보호자와 함께 참여할 수 있는 자는 오직 변호사이며, 변호사 자격이 없는 자가 심의위원회에 참석하여 학생 및 보호자를 조력하는 행위는 변호사가 아니면서 '그 밖의 일반의 법률사건'을 수행한 것에 해당해 변호사법 제109조 제1호에 위반될 수 있습니다. 이와 관련하여 변호사법 위반여부를 판단한 대한변호사협회의 질의회신 사례도 있습니다. 블로그 등에 변호사가 아니면서 학생 및 보호자를 대리하여 심의위원회에 참석했다고 홍보하는 글을 본 적이 있습니다.

그 내용이 사실이 아닐 확률이 높으며, 설령 사실이라면 변호사법 위반에 해당될 수 있습니다. 이런 리스크를 고려하지 않는다고 하더라도 "심의위원회에 참석하여 가해학생 또는 피해학생을 조력하는 업무는 형사법, 쟁송절차, 공법, 민사법 등을 입체적으로 이해하고 있어야 학생의 권리를 누락 없이 보호할 수 있다"(2024. 9. 9. 대한변호사협회 변호사법 질의에 대한 검토의견서 참고)는 점에서 변호사에게 조력을 받아야 합니다. 따라서 심의위원회에서 제대로 조력을 받기 위해서는 반드시 변호사 자격 여부를 확인하시는 것이 필요하겠습니다.

마. 심의위원회 어떻게 진행될까?
심의위원회 위원의 질의

사실관계 확인이 끝나면, 본격적으로 각 심의위원회 위원별로 질문을 하게 됩니다. 이때도 90% 이상의 질문은 학생들을 상대로 합니다. 다만 이때에는 학생의 답변에 대해 보호자와 변호사가 조력하는 것은 가능하고, 특별히 막지는 않습니다. 물론 경우에 따라 이조차도 하지 못하게 하는 경우가 있는데, 제 개인적인 견해로는 사실관계 확인을 넘어 질의 단계에서까지 조력 자체를 막는다면 명백한 절차 위반이 아닐까 생각하고, 결과에 따라 불복하셔도 좋을 것 같습니다.

● 심의위원회 위원과 싸우지 말자!

교육지원청에서는 심의위원회 위원들에게 심의위원회 과정에서 인신공격적인 질문, 예단을 가지고 하는 질문, 사안과 무관한 사생활적인 질문, 꾸짖거나 공격적인 질문 등을 하지 않도록 안내하고 있고, 대부분의 위원분들은 이를 잘 지켜서 질의하십니다. 그럼에도 불구하고 몇몇 분들은 학생들을 혼내는 발언을 하시거나, 공격적인 질문을 하시는 경우가 있

애들 싸움이 어른 싸움 되는 학교폭력

습니다. 대표적으로 어떤 학생이 자신의 행동이 학교폭력이 아니라고 생각한다고 답변하면, 그 답변 자체만으로 판단을 하셔야 하는데, 거기에 더 나아가 "왜 그것이 학교폭력이 아니야?", "사안의 심각성을 모르니?", "너 혼나고 싶니?"와 같이 꾸짖거나 타박하는 질문을 하는 경우가 있습니다.

어떻게 대응해야 할까요? 저는 최대한 맞대응하지 말라는 조언을 하고 있습니다. 심의위원회도 법원과 같이 증거에 입각하여 명확한 사실관계를 조사하고 그에 따라 판단하고 있으나, 꼭 그렇지 않은 면도 있습니다. 기본적으로 증거에 기초한 객관적인 판단을 내리지만, 앞서 한번 말씀드렸던 "인상" 또한 꽤 중요하게 작용한다는 점을 부정할 수는 없습니다.

결국 위원들에게 좋은 "인상"을 주는 것이 중요하므로, 심의위원회 위원의 질문이 마음에 들지 않는다고 하더라도 곧바로 맞대응을 하는 것은 좋지 않습니다. 간혹 열정이 많으신 변호사님들 중에는 심의위원회 질문 하나하나에 "절차 위반이다"라거나 "부적합하다"라고 대응하시는 경우도 있다고 들었는데, 개인적인 생각으로는 의뢰인께 일하는 모습을 보여 줄 수 있다는 점 외에 결과로서는 좋은 선택은 아니라고 생각합니다. 따라서 최대한 수긍하되, 너무 부당하다고 생각되는 부분만 순화해서 문제점을 지적하는 것이 좋지 않을까 생각합니다.

바. 심의위원회 어떻게 진행될까?
질문에 대한 답변

너무나도 당연한 이야기겠지만, 심의위원회 위원의 질문에 대해서 신중하게 답변할 필요가 있습니다. 학교폭력으로 판단하기 위해서는 일단 학교폭력이 있었는지에 대한 증명이 있어야 하는데, 학생의 답변에 따라 그 증명 여부가 크게 달라질 수 있기 때문입니다.

참고로, 우리 법상 형사처벌을 하기 위해서는 "합리적 의심이 없는 정도의 증명"을 요구합니다. 다소 표현이 모호할 수 있는데, 쉽게 생각해서 거의 90% 이상의 심증이 형성되어야, 범죄사실을 인정할 수 있고 처벌할 수 있다는 것입니다. 국가가 개인에게 형벌을 부과하는 것이니, 그만큼 증거를 바탕으로 철저히 판단하여 결정을 하도록 요구하고 있는 것입니다.

반면 학교폭력예방법은 형사법보다는 약한 증명을 요구합니다. 법원도 "학교폭력예방법상 가해학생에 대한 조치 원인이 되는 사실의 인정은 형사소송에서와 같이 엄격한 증거능력을 갖춘 증거에 의할 것을 요하지 않고, 합리적 의심을 배제할 정도의 엄격한 증명을 필요로 하지 않는다"고 판시하고 있고, "특별한 사정이 없는 한 경험칙에 비추어 모든 증거를 종합적으로 검토하여 볼 때 어떤 사실이 있었다는 점을 시인할 수 있는

애들 싸움이 어른 싸움 되는 학교폭력

고도의 개연성을 증명하는 것이면 충분하다"고 보고 있습니다.

이와 같이 학교폭력 사안에서는 형사법 정도로 증명할 것을 요구하고 있지는 않지만, 여전히 고도의 개연성을 증명할 정도는 되어야 합니다. CCTV나 주변 목격자의 진술 등이 있으면 문제되지는 않겠지만, 오직 피해학생의 진술만이 있는 상황도 생각보다 많습니다.

이럴 때에는 결국 그 진술이 얼마나 신빙성이 있는지가 문제되고, 신빙성이 없으면 학교폭력으로 인정될 수 없습니다. 따라서 피해학생의 경우 단순히 학교폭력이 있었다 정도로만 답변할 것이 아니라 구체적으로 전후사정 등을 확실하게 진술하여 자신의 진술이 거짓이 아님을 증명할 필요가 있고, 반대로 가해학생의 경우 맞는 사실과 그렇지 않은 사실을 정확히 구분하여 아닌 사실은 분명히 아니라고 명확히 이야기해야 합니다. 답변을 정확하게 하는 것이 중요하니, 심의위원회 위원의 질의가 이해되지 않는다면, 재차 물어보고 정확히 파악한 후 대답을 하실 필요가 있겠습니다.

사. 심의위원회 어떻게 진행될까?
학생, 보호자, 변호사의 마지막 발언

심의위원회 위원의 질문과 답변은 큰 변수가 없는 이상 20분 내외로 진행됩니다. 명확한 증거가 있고, 사실관계에 큰 다툼이 없는 상황이라면 훨씬 빨리 끝날 수도 있으나, 증거가 없거나 애매하고 당사자들 사이의 진술이 다른 경우에는 상당히 오랜 시간이 걸리기도 합니다. 소송의 경우, 변론기일이 여러 번 진행되는 것이 일반적이지만, 심의위원회는 하루에 모든 것이 끝나기 때문에 당일에 모든 질문과 답변이 이루어집니다.

● 마지막 발언은 사전에 준비하자

질문과 답변이 끝나면, 심의위원회 위원장은 학생과 보호자 그리고 변호사에게 마지막으로 하고 싶은 말이 있는지 묻습니다. 반드시 거치는 과정이므로 이때 학생과 보호자께서는 자신의 입장을 정확히 이야기하기 위해 사전에 무슨 말을 할지 미리 준비하시는 것이 좋습니다. 제 경험상 보호자, 특히 가해학생 보호자께서는 심의위원회 과정에서 감정적으로 격한 상태가 되어 마지막 발언 때는 대부분 우시는 경우를 많이 보았기 때문에, 미리 준비해 두셔야 명확히 자신의 입장을 이야기할 수 있습니다. 미리 써 와서 읽으시는 것도 좋은 방법이라고 생각합니다. 앞서 말했지만, 전자기기는 반입이 안 되므로 별도 종이에 써서 준비하시기 바랍니다.

그리고 변호사에게도 마지막 발언을 할 수 있게 하는데, 간혹 변호사님들 중에는 발언 자체가 많이 없었다 보니 이때 모든 것을 말하려고 합니다. 심지어 의견서의 내용을 거의 다 말하는 경우도 있는데, 인상에도 좋지 못하고 중간에 제지될 수도 있습니다. 특별히 살펴보아야 하는 부분에 대해 언급하고, 짤막하게 정리하여 주시는 것이 좋지 않을까 생각합니다. 저의 경우도 심의 과정에서 발언 기회가 적었더라도, 심의위원회 위원께서 집중해서 봐주실 포인트만 이야기하고 약 30초 내외로 발언을 하고 있습니다.

이렇게 모든 발언이 끝나면 심의위원회 위원장께서는 퇴장하라고 하시는데, 나오실 때 가볍게 인사 정도하고 나오시면 되겠습니다. 반드시 해야 하는 것은 아니나, 좋은 인상을 위해서라고 생각하시기 바랍니다.

5장

학교폭력예방법

가. 학교폭력예방법 개관

　이번 장부터는 심의위원회 판단 근거가 되는 학교폭력예방법에 대해 다루어 보고자 합니다. 본격적으로 다루기에 앞서 학교폭력예방법 자체에 대해 간략히 정리해 보겠습니다. 심의위원회의 설치 근거가 되고, 학교폭력 여부에 대한 판단 근거가 되는 법이 바로 학교폭력예방법입니다. 학교폭력예방법의 역사는 꽤 긴데, 지금으로부터 약 20년 전인 2004년에 제정된 법입니다. 이러한 학교폭력예방법은 시대를 거치면서 많은 변화가 있었고, 가장 큰 변화는 2019. 8. 20. 일부 개정되어 2020. 3. 1.에 시행된 학교폭력예방법이 아닐까 합니다.

　그전까지는 각 학교별로 학교폭력대책자치위원회를 설치하도록 하여 그곳에서 판단하였는데, 담당 교원 및 학교의 업무 부담이 증가되고, 전문성이 떨어진다는 의견이 있어 이를 교육지원청으로 상향 이관하여 심의위원회에서 판단하기로 하였습니다.

　이런 변화 외에도 학교폭력예방법은 계속하여 개정되고 변화되고 있는데, 가장 큰 특징은 절차와 처벌이 점점 강화된다는 점입니다. 최근까지 심의를 학교가 아닌 교육지원청(심의위원회)에서 진행하더라도, 학교폭력에 대한 조사는 학교에서 진행했는데, 이마저도 외부전문가로 구성된 학교폭력전담조사관이 조사하는 것으로 변경되었습니다. 또한 가해학생에 대한 조치의 생활기록부 기재 기간도 일부 늘어나는 등 처벌이 강화되고 있습니다.

나. 학교폭력예방법에서 말하는 학교

학교폭력예방법 제2조 제2호에서는 "학교"를 아래와 같이 규정하고 있습니다.

> 학교폭력예방법 제2조(정의) 이 법에서 사용하는 용어의 정의는 다음 각 호와 같다.
> 2. "학교"란 「초·중등교육법」 제2조에 따른 초등학교·중학교·고등학교·특수학교 및 각종학교와 같은 법 제61조에 따라 운영하는 학교를 말한다.

제가 상담을 했던 사건 중 가장 연령대가 어린 경우는 유치원생 간의 폭행 사건이 있었습니다. 그런데 학교폭력예방법은 초등학교부터 적용되기 때문에 유치원생에게는 학교폭력예방법을 적용할 수 없습니다. 이 경우는 유치원생의 보호자에 대한 민사소송이나, 유치원(유치원, 보육교사 등)에 대한 민사·형사소송을 검토해야 합니다.

애들 싸움이 어른 싸움 되는 학교폭력

● 국제학교는 학교폭력예방법의 적용 대상일까?

초등학생 이상이라면 학교폭력예방법을 적용하는 데 있어 큰 문제가 없는데, 또 하나 쟁점이 되는 학교가 있습니다. 다름 아닌 "국제학교"입니다. 국제학교는 「경제자유구역 및 제주국제자유도시의 외국교육기관 설립·운영에 관한 특별법」(이하 "외국교육기관법")에 따라 경제자유구역 또는 제주특별자치도 안에 설립·운영하는 외국교육기관을 말합니다. 현재 주로 송도, 제주 지역 등에 설립되어 있습니다. 이처럼 국제학교의 경우 「초·중등교육법」이 아닌 외국교육기관법에 따라 설립되었으므로, 학교폭력예방법에서 말하는 "학교"라고 볼 수 없습니다. 제외할 필요가 있었나라는 생각도 있지만, 어쨌든 현행법상 학교폭력예방법이 적용되지는 않습니다.

다만 여기서 한 가지 유의해야 할 부분은 "외국인학교"입니다. 외국에서 일정 기간 거주하고 귀국한 내국인 중 대통령령으로 정하는 사람 등을 교육할 목적으로 설립된 외국인학교는 서울, 부산 등에 설립되어 있습니다. 이러한 외국인학교는 「초·중등교육법」에 따른 각종 학교로 분류되는바, 학교폭력예방법이 적용됩니다.

외국인학교 중에는 "외국인학교"라고 표시하지 않고, "XX국제학교"라는 명칭을 쓰기도 하여, 혼란이 발생할 수 있습니다. 따라서 사전에 관할 교육지원청 등을 통해 학교폭력예방법의 적용을 받지 않는 국제학교인지 확인을 할 필요가 있습니다.

● 국제학교에서 학교폭력이 발생하면?

국제학교도 당연히 학생들이 다니는 곳이니, 학교폭력이 발생하지 않는다고 할 수 없습니다. 그런데 학교폭력예방법이 적용되지 않는다고 하니, 피해를 당한 보호자 입장에서는 답답할 수 있습니다. 그런데 학교폭력예방법이 적용되지 않을 뿐 다음 3가지 방안을 충분히 고려해 볼 수 있습니다.

첫 번째는 학교에 신고하는 방법입니다. 국제학교는 학교폭력예방법이 적용되지 않지만, 당연히 학교 내부적으로 교칙 등이 존재합니다. 또한 국제학교 중에는 학교의 명성을 위해 더욱 엄격한 교칙을 운영하는 곳들도 있습니다. 따라서 자체 교칙에 따라 처벌받을 수 있도록 학교에 신고하는 방법을 고려해 볼 수 있습니다.

두 번째는 민사소송이고, 세 번째 방안은 형사고소입니다. 후술하겠지만 학교폭력예방법이 적용되는 사건도 마찬가지로 형사, 민사사건으로 확대될 수 있습니다. 학교폭력 사안이 심각한 경우, 형사고소를 진행하여 소년보호재판 등 형사적 처벌을 받을 수 있게 할 수 있고, 피해를 입은 부분이 있다면 불법행위 손해배상 청구 등 민사소송을 통해 배상을 받을 수 있습니다.

이와 같이 학교폭력예방법이 적용되지 않아도 충분히 처벌할 수 있는 방안이 존재하니, 국제학교에 재학 중인 자녀가 학교폭력 피해를 당했다면, 적극적으로 대응방안을 고민해 보시는 것이 좋을 것 같습니다.

다. 피해자, 가해자
모두 학생이어야 하나?

학교폭력예방법 제2조 제1호에서는 아래와 같이 "학교폭력"을 정의하고 있습니다.

> 학교폭력예방법 제2조(정의) 이 법에서 사용하는 용어의 정의는 다음 각 호와 같다.
> 1. "학교폭력"이란 학교 내외에서 학생을 대상으로 발생한 상해, 폭행, 감금, 협박, 약취·유인, 명예훼손·모욕, 공갈, 강요·강제적인 심부름 및 성폭력, 따돌림, 사이버폭력 등에 의하여 신체·정신 또는 재산상의 피해를 수반하는 행위를 말한다.

● 피해자만 학생인 경우라면?

위 규정에서 보시듯이, 학교폭력은 "학생을 대상으로" 발생할 것을 요건으로 하고 있습니다. 그렇기 때문에 피해자가 학생인 경우라면, 가해자가 학생이 아니더라도 "학생을 대상으로" 발생한 일이기 때문에 학교폭력예방법을 적용하고, 그에 따른 각종 조치를 취할 수 있습니다. 예를 들어 가해자가 자퇴생인 경우나, 심지어 가해자가 선생님인 경우라고 하더라도 마찬가지로 학교폭력예방법을 적용하여 처리할 수 있습니다. 물론 이 경우 가해자가 학생이 아니기 때문에 학교폭력예방법 제17조 제1항에서 규정하고 있는 가해학생에 대한 조치는 적용할 수 없으나, 최소한 피해학생에 대한 조치를 취하도록 하여 피해학생을 다양한 방법으로 보호할 수 있습니다. 또한 학생을 대상으로 발생하기만 하면 되기 때문에 가해학생과 피해학생이 같은 학교일 필요는 없고, 학교폭력의 발생 장소가 반드시 학교일 필요는 없습니다. 제가 담당한 사건들을 살펴보면 학교만큼이나 학원에서 일어난 학교폭력 사건도 많습니다.

● 가해자만 학생인 경우라면?

그럼 반대로 가해자만 학생인 경우는 어떨까요? 이 경우에는 학교폭력예방법을 적용하기는 어렵습니다. 왜냐면 "학생을 대상으로" 한 가해행위가 없었기 때문입니다. 만약 학생이 학교에 대한 허위사실을 인터넷에 기재하여 학교의 명예훼손을 시켰다면, 이 학생에 대해 학교폭력예방법을 적용할 수 있을까요? 학교 입장에서는 학교폭력예방법으로 서면사과, 교내봉사 등과 조치를 취하고 싶을지도 모릅니다. 그러나 학교폭력예방법이 "학생을 대상으로" 하고 있다는 점에서 피해자가 학교인 이 경우에는 학교폭력예방법을 적용할 수 없습니다. 물론 그렇다고 하여 학교가 아무런 조치를 할 수 없는 것은 아니고, 학교는 명예훼손죄, 업무방해죄 등 다른 형사적 조치를 검토할 수 있습니다.

이와 같이 학교폭력예방법의 적용 대상인지는 "피해자"가 학생인지에 따라 결정됩니다. 이 점을 기준으로 판단하시면 되겠습니다.

애들 싸움이 어른 싸움 되는 학교폭력

라. 학교폭력 개념 개괄

학교폭력의 개념에 대해 알아보겠습니다. 여담이지만, 보호자께서 생각하실 때 "학교폭력 = 신체폭력"이라고 생각하시는 경우가 많습니다. 그런데 학교폭력예방법이 제정되고, 많은 노력을 통해 신체적 폭력은 점차 질적으로도 양적으로도 많이 줄어든 반면(물론 해마다 조금씩 차이가 있고, 최근에는 다시 조금 증가했다는 통계도 있습니다), 언어적 폭력, 사이버 폭력과 같은 정신적 폭력은 오히려 급격히 증가하였습니다. 최근 조사에 의하면 학교폭력의 약 40%를 언어폭력이 차지하고 있는 등 신체적 폭력보다 정신적 폭력의 경우가 훨씬 더 많습니다.

그런 측면에서 아이들에게 "때리면 안 된다"라는 교육도 좋지만, 덧붙여서 "말이나 SNS 등으로도 험담을 해서는 안 된다"라는 교육도 함께 해 주시는 것이 필요하지 않나 생각합니다.

앞서 살펴본 것처럼 학교폭력예방법 제2조 제1호에서는 "학교폭력이란 학교 내외에서 학생을 대상으로 발생한 상해, 폭행, 감금, 협박, 약취 · 유인, 명예훼손 · 모욕, 공갈, 강요 · 강제적인 심부름 및 성폭력, 따돌림, 사이버폭력 등에 의하여 신체 · 정신 또는 재산상의 피해를 수반하는 행위를 말한다"고 규정하여 학교폭력의 범위를 꽤 넓게 인정하고 있습니다. 그러다 보니 어디까지를 학교폭력으로 보아야 할지에 대해서도 논란이 있습니다. 대표적으로 학교폭력에서 규정하는 "성폭력"의 범위가 문제되었는데, 학교폭력예방법에서 말하는 성폭력이 형사법에서 규정하고 있는 성폭력과 같은 의미인지, 아닌지 그것보다 범위가 넓은지에 대한 것입니다. 만약 형사법에서 규정하는 성폭력과 같은 의미로 해석되면, 그 범위가 좁아지기 때문입니다.

이에 대해 법원의 입장은 일치되지 않습니다. 예를 들어 하급심 판결 중에는 아래와 같이 상반되는 판단도 있습니다.

> 학교폭력예방법은 다른 법률에 의하여 전형적인 범죄행위로 규정된 행위유형에 대해서는 따로 정의 규정을 두고 있지 않다. 그렇다면 따로 정의규정을 두고 있지 않은 "성폭력"도 다른 법률에 의하여 전형적인 범죄행위로 규정된 것을 의미하는 것으로 볼 수 있다(수원고등법원 2020. 5. 20. 선고 2019누12971 판결).

위 판결에서는 학교폭력의 성폭력도 형사법에서 규정하고 있는 의미와 동일하다는 취지로 판단하였습니다. 반면, 아래 판결에서는 형사법상 성폭력 범죄에 국한되지 않는다고 보았습니다.

> 학교폭력예방법의 입법목적, 가해학생에 대한 조치의 제도적 특성 등을 고려하면 학교폭력예방법상 가해학생에 대한 조치는 형사처벌과는 그 목적과 성격을 달리하고, 위 법 제2조 제1호가 학교폭력의 행위 태양으로 규정하고 있는 행위 중에는 형사상 범죄에 해당한다고 보기 어려운 '따돌림, 사이버 따돌림' 등도 포함되어 있

으로, 학교폭력에 해당하는 '성폭력'이 형벌 규정이 정한 구성요건에 해당하는 행위로 국한된다고 보기는 어렵다(인천지방법원 2023. 6. 8. 선고 2022구합 56238 판결).

비단 성폭력뿐 아니라, 법원은 사안에 따라 "'학교폭력'에 해당하는지 여부는 발생 경위와 상황, 행위의 정도 등을 신중히 살펴 판단하여야 한다"는 문구를 쓰며 그 범위를 축소하여 해석할 때도 있고, "학생의 신체·정신 또는 재산상의 피해를 수반하는 모든 행위를 포함한다"는 문구를 쓰며 매우 확대하여 해석할 때도 있습니다.

이런 법원의 태도가 혼란스럽다고 평가할 수도 있겠지만, 학교폭력의 특징을 고려한다면 충분히 이해되는 측면도 있다고 생각합니다. 학교폭력은 처벌에 포커스를 맞추기보다 교화와 예방에 더 포커스를 맞추어야 한다는 점에서 일반적인 형사범죄와 다른 특성이 있습니다. 그렇기 때문에 법원은 여러 사정을 고려한 후, 사안에 따라 다른 결론을 낼 수 있다고 생각합니다.

학교폭력의 개념을 너무 축소하면 피해학생이 충분히 보호받지 못하는 상황이 발생하고, 반대로 학교폭력의 개념을 확대하여 불필요하게 가해자가 양산될 수 있습니다. 양쪽 모두 바람직하지 않기 때문에, 제가 판사라도 학교폭력의 피해상황, 행위 양태 등 여러 사정을 상세히 확인한 후 학교폭력에 해당하는지를 판단할 것 같습니다.

이런 점에서 학교폭력에 해당하는지가 문제되고 다퉈 볼 상황이라면, 여러 사정을 종합적으로 고려하여 주장해 보시는 것이 어떨까 합니다.

마. 학교폭력인지가 문제 되는 경우들

● 명예훼손과 모욕

학교폭력 사안에서 가장 흔하게 보이는 유형 중 하나이자, 당사자들끼리 사실관계에 대한 다툼이 심한 경우가 바로 명예훼손과 모욕이 아닐까 합니다. 법원은 성인들 간에서 벌어지는 명예훼손과 모욕과는 조금 다른 기준으로 판단하고 있는 것처럼 보이는데, 아무래도 어린 학생들 사이의 대화는 표현 방식이 서투르고, 상호 교류 과정에서 다양한 형태로 나타나기 때문에 다소 신중하게 판단하는 것처럼 보입니다.

이와 관련하여 생각해 볼 만한 사례가 있습니다. 간단히 요약해서 정리해 보면, 교내 축구 경기에서 피해학생이 골키퍼를 담당하고 있었는데, 골을 먹자 가해학생이 피해학생에게 "재미있었다. 대단하다. 사람의 실력이 아니다"라고 말했습니다. 심의위원회는 이를 모욕으로 인정하여 학교폭력에 해당한다고 보았고 서면사과 처분을 내리자, 가해학생이 불복하여 행정소송을 제기했습니다. 어떻게 보면 모욕으로도 볼 수 있지 않을까 했지만, 법원은 "객관적으로 모욕적인 표현에 해당하지 않았다"(서울행정법원 2019. 4. 26. 선고 2018구합84379 판결)고 판단하여 서면사과 처분을 취소하였습니다.

또 하나의 예를 살펴보면, 아래와 같은 학교폭력 사건이 신고된 적이 있습니다.

'2021. 7. 2. 야간 의무학습 시간, 교실(G관 202호)에서 원고, H, I, J, K 학생(가해학생)들이 모여 대화를 하던 중, 'D 학생(피해학생)은 축구랑 농구를 너무 잘해서 모든 포지션을 다 소화할 수 있다'며 모든 포지션에 D 학생의 이름을 넣어 부르며 이야기하였다(센터도 D, 공격도 D, NBA에서 모든 포지션을 소화할 수 있다, 골대도 D… 등)'

이 사건에서 심의위원회는 가해학생에게 서면사과 조치를 내렸습니다. 가해학생은 불복하였는데, 법원은 "이 사건 각 행위의 내용은 모두 D에 관한 부정적 인식에서 비롯된 것으로 반어법 등 D를 다소 비꼬는 듯한 표현이 사용되기는 하였으나, D의 인격적 가치에 대한 사회적 평가를 저하시킬 만한 경멸적 감정을 표현한 모욕적 언사에 해당한다고 보기는 어렵다"(청주지방법원 2022. 6. 9. 선고 2021구합51992 판결)는 이유로 서면사과 처분을 취소하였습니다.

이와 같이 법원은 학생들이 교류하는 과정에서 나올 수 있는 다소 부적절한 언행을 모두 명예훼손이나 모욕으로 보지 않고 신중하게 판단하는 모습을 볼 수 있습니다. 그러나 오해하지 말아야 할 것은, 법원에서 위와 같은 표현을 학교폭력이 아니라고 보았다고 하여 함부로 사용해서는 안 된다는 것입니다. 위 사안들은 모두 가해학생의 발언이 일회성으로 그쳤고 여러 제반사정을 고려했을 때 학교폭력으로 보기 어려웠다는 점이 종합적으로 반영된 것이지, 예를 들어 지속적으로 "사람 실력이 아니다"와 같은 표현을 쓴다면 충분히 명예훼손이나 모욕으로 인정될 가능성이 있습니다.

추가적으로 학생들 사이에서 흔하게 발생할 만한 사례가 하나 있어 소개해 드릴까 합니다. 간략한 사실관계는 아래와 같습니다.

> 교실 내에서 물품 분실사고가 발생하였는데, 일부 학생들(가해학생들)이 피해학생이 해당 물품을 훔쳤다고 의심하였습니다. 가해학생들은 교실에 있는 학생들에게 범인을 찾기 위해 가방검사를 하겠다고 했고, 교실 아이들의 가방을 검사하기 시작했습니다. 그런데 피해학생을 제외한 다른 학생들에 대한 가방검사는 스스로 보여 주면 넘어가는 정도의 그쳤는데, 유독 피해학생에 대해서는 피해학생이 가방을 보여 주었음에도 가방 내부에 손을 집어넣어 가방 내부의 물건들을 가방 밖으로 꺼내는 방식의 검사를 하였습니다. 이에 모욕감을 느낀 피해학생이 가해학생들은 학교폭력으로 신고하였습니다.

이 사건에 대해 학교폭력대책자치위원회(구 학교폭력예방법에 따라 학교 내 설치된 위원회)에서는 가해학생에게 출석정지 3일을 부과하였습니다. 가해학생은 불복하여 행정소송 등을 제기하였는데, 법원은 아래와 같은 이유로 출석정지 3일이 정당하다고 보았습니다.

> 가방 내부의 공간에 대하여 일반적인 행동자유권, 특히 사생활의 자유를 온전히 향유할 수 있고, 가방 내부를 살펴보는 것은 개인의 사생활 영역을 관찰하는 행위를 의미하므로, 오로지 가방 소지자 또는 가방 소지자의 동의를 얻은 사람, 또는 법령이 정하는 경우에 한하여 가능할 뿐이다. 그리하여 가방 소지자가 그 의사에 반하여 가방 내부를 검사받는 것은 그 자체만으로 명예훼손 내지 모욕에 해당할 수 있고, 나아가 가방 내부가 노출되는 경우에는 가방 내부에 어떠한 물건이 존재

> 하는지 여부와 관계없이 사생활의 내용을 공개당하는 결과가 되므로, 마찬가지로 명예훼손 또는 모욕에 해당할 수 있다(대전고등법원 2022. 4. 7. 선고 2021누 12211 판결).

위와 같은 사례는 학생들 사이에 쉽게 발생할 수 있는 일이라고 생각합니다. 가해학생 입장에서는 "훔치지 않았고 당당하다면 상관없는 것 아냐?"라고 생각할 수도 있지만, 피해학생의 입장에서는 큰 정신적 고통을 주는 학교폭력이 될 수 있습니다. 보호자께서는 자녀들에게 이런 부분도 주의해야 한다고 알려 줄 필요가 있겠습니다.

● 방조행위

학교폭력에서 방조행위도 문제가 많이 되고 있습니다. 사실 어린 학생들이 "방조"의 불법성에 대해 인식하기는 어려운 측면이 있습니다. 솔직히 저도 중학교 시절, 학교에서 싸움 잘하는 친구가 다른 학교의 싸움 잘하는 친구와 싸운다고 하면 말릴 생각은 단 한 번도 하지 못했습니다. 구경 가서 우리 학교 친구를 응원하고 이기기 바랐던 기억만이 있습니다. 지금의 관점에서 본다면, 이런 경우도 학교폭력의 방조에 해당할 수 있을 것입니다.

특히 단순히 현장에 참석하는 것을 넘어서, 휴대폰으로 촬영을 해 주거나 한발 더 나아가 이를 인스타그램 등 SNS에 게시하는 경우에는 더더욱 학교폭력 방조행위에 해당될 수 있습니다. 법원도 아래와 같이 판단하고 있습니다.

학생들끼리 서로 몸싸움을 하기로 사전에 합의하거나 그러한 싸움의 발생이 객관적으로 예상되는 상황에서 다른 학생들이 이와 같은 정을 알면서도 이를 제지하지 아니한 채 싸움 장면을 촬영·녹음을 해 주기로 약속하거나 실제 싸움현장에 참석하여 이를 방관하는 등 폭행 등을 용이하게 하는 직·간접적인 행위를 하였다면, 특별한 사정이 없는 한 폭행 등의 방조행위에 해당할 수 있고, 유포 등을 목적으로 피해학생들의 동의 없는 촬영·녹음 시에는 피해학생의 인격권을 침해하는 행위로서 모두 학교폭력예방법에 정한 학교폭력에 해당할 수 있다(창원지방법원 2022. 6. 15. 선고 2022구단10390 판결).

다만 위 판결의 경우 가해학생은 자신이 주도적으로 촬영하고 녹음한 것이 아니고, ① 피해학생이 가해학생에게 혼자 가기에는 위험할 것 같으니 싸움현장에 동행하고, 증거를 남기기 위해 촬영 및 녹음을 해 줄 것을 부탁하자, 이에 응하여 싸움현장에 간 점, ② SNS 대화방에 가해학생도 있었으나 싸움을 부추기는 대화를 하지는 않았다는 점 등을 주장하였고, 이것이 인정되어 가해학생에게 내려진 교내봉사 등의 처분은 취소되었습니다.

위 사례를 보면 아시겠지만, 보호자께서는 아이들에게 "방조"의 개념과 그 문제점도 알려 주실 필요가 있고, 친구들의 싸움을 목격할 경우 즉각 신고하는 등 조치가 필요하다는 점도 이해하도록 해야 할 것입니다. 또한 만약 방조행위로 학교폭력이 문제된다면 위 판결과 같이 여러 제반사정을 근거로 방조가 아님을 적극적으로 주장할 필요가 있습니다.

● 따돌림

우선 학교폭력예방법의 따돌림에 관한 규정을 살펴보겠습니다. 학교폭력예방법 제2조 제1의2호에서는 아래와 같이 정의하고 있습니다.

> 학교폭력예방법 제2조(정의) 이 법에서 사용하는 용어의 정의는 다음 각 호와 같다.
> 1의2. "따돌림"이란 학교 내외에서 2명 이상의 학생들이 특정인이나 특정집단의 학생들을 대상으로 지속적이거나 반복적으로 신체적 또는 심리적 공격을 가하여 상대방이 고통을 느끼도록 하는 모든 행위를 말한다.

규정에서 확인할 수 있는 것처럼 따돌림이 성립하기 위해서는 첫째, 2명 이상이 따돌림을 하여야 하고, 둘째, 일회적이 아닌 지속적이고 반복적이어야 하며, 셋째, 신체적 혹은 심리적 공격이 있어야 합니다. 규정을 보신 분들 중에는 "명확하네"라고 생각하는 분도 있겠지만, 실은 따돌림의 범위에 대한 다툼이 많습니다. 흔히 생각하는 "왕따"와 같은 따돌림이라면 사실 간명하고 문제될 부분이 없지만, 실생활에서는 따돌림인지 여부가 애매한 사건이 많습니다.

예를 들어 보겠습니다. 초등학생 A, B, C가 서로 친하게 지냈는데, A와 B 사이에 다툼이 있었고, B랑 좀 더 친했던 C가 A에게 "절교하자", "손절하자" 등과 같은 말을 했다고 가정해 보겠습니다. 이런 경우 따돌림에 해당되고 학교폭력에 해당된다고 보아야 할까요? 사실 애매한 부분입니다. 학교생활을 해 본 경험으로 잘 아시겠지만, 저 나이 때 학생들은 서로 싸워서 절교하기도 하고, 다시 친해지기도 하는 과정들이 흔하고 많이 발생합니다. 그러한 과정 하나하나를 모두 학교폭력으로 볼 수 있을까요? 사실 위 예시 사례에 대한 정답은 없습니다. 심의위원회를 넘어 법원까지 간 사건들을 보면, 법원은 횟수, 기간, 정도 등을 면밀하게 관찰하여 학교폭력 여부를 판단하고 있다는 점을 주목할 필요가 있습니다. 다만 법원에서 학교폭력이라고 보지 않았을 때는 보통 "친소집단을 형성하는 과정에서 흔히 있을 수 있는 갈등"이라는 표현을 쓰고 있습니다. 제가 가해학생을 대리할 때 자주 쓰는 문구이기도 한데, 저는 이러한 법원의 판단처럼 심각한 따돌림이 아니라 일시적인 다툼으로 발생한 갈등은 보호자나, 학교가 개입할 학교폭력으로 볼 것이 아니라 학생들 스스로가 해결하는 것이 교육적으로도 옳다고 생각합니다.

또 다른 예를 들어 보겠습니다.

학생 여러 명이 지속적으로 A라는 학생을 괴롭히고 따돌려 왔습니다. 어느 날은 A가 괴롭힘을 피해 화장실 용변 칸 안으로 숨었는데, B라는 학생이 학생 여러 명이 화장실이 모여 있는 것을 보고 호기심에 A가 있는 옆 용변 칸의 변기를 밟고 올라가 A 쪽 용변 칸을 내려다 보았습니다. 그때 A와 B가 눈이 마주쳤고, B는 A에게 "안녕"이라고 인사했습니다.

이 경우 A를 직접적으로 괴롭힌 학생들이 학교폭력으로 처벌받는 것에는 별다른 이견이 없을 것 같습니다. 그런데 B도 따돌림에 가담한 것이 될까요? B처럼 그냥 호기심에 용변 칸에 올라와 본 것도 학교폭력으로 볼 수 있을까요? 여러 사정을 검토해 보아야겠지만, 이와 유사한 사건에서 법원은 "다른 가해학생들이 피해학생에게 폭행, 감금, 모욕 등의 괴롭힘을 가하는 상황 가운데 이루어진 것으로 이에 가담한 행위로 평가할 수 있다"(서울행정법원 2019. 5. 23. 선고 2018구합83604 판결)고 보았습니다. 이처럼 단순한 호기심에 한 행동이라도 여러 사정과 상황을 고려하여 충분히 학교폭력으로 평가받을 수도 있다는 점을 주의할 필요가 있습니다.

● 사이버폭력

사이버폭력은 2024년 3월 학교폭력예방법이 개정되면서 도입된 내용입니다. 과거에는 "사이버따돌림"이라는 것이 있었는데, 사이버따돌림 외에도 사이버상에서 벌어지는 각종 학교폭력을 망라하기 위해 학교폭력의 유형 중 하나로 사이버폭력이라는 개념이 들어오게 되었습니다.

사실 요즘은 대다수의 학교폭력이 사이버 공간에서 발생하고 있습니다. 제가 담당했던 많은 사건에서 빠지지 않고 등장하는 것이 "카카오톡 단체방 또는 인스타그램 단체 DM에서 모욕적 발언이 있었다", "인스타그램 스토리에 저격글을 올렸다"와 같은 내용입니다.

학생들이 사이버 공간에서는 더 용감해지는 듯한 모습을 보입니다. 평소에 그런 모습을 보이지 않은 학생들도 사이버 공간에서는 각종 욕설과 상대방에 대한 저격글을 작성하는 모습을 보입니다. 많은 보호자님들이 학교폭력이 신고된 후 뒤늦게 본인 자녀의 글을 보고 충격을 받은 경우도 많이 보았습니다.

이러한 사이버 공간에서의 학교폭력 문제를 미연에 방지하기 위한 방안은 결국 보호자께서 주기적으로 자녀의 SNS 등을 확인하고 지도하는 방법 외에는 없는데, 감수성이 예민한 시기에 함부로 개인 SNS를 보여 달라고 하는 것도 어렵고, 아이들의 자존감을 고려하더라도 바람직하기만 한 방법은 아닙니다. 그리고 보호자께서는 사이버폭력이라고 규정되어 있어서, 아주 심각한 문제만 생각하기 쉬운데 꼭 그렇지 않습니다.

물론 요즘 특히 문제되는 딥페이크(Deepfake) 기술을 활용한 이미지 합성과 같이 심각한 사이버 폭력 사건(2024년 12월 31일 국회에서는 딥페이크 성범죄를 학교폭력 중 사이버폭력으로 명확히 규정하는 내용의 학교폭력예방법 일부개정안을 통과시켰습니다)도 있지만, 보통 발생하는 문제는 앞서 말씀드린 것처럼 인스타그램 스토리를 활용한 저격글, 카카오톡 대화명을 활용한 저격글입니다. 실제 법원 판결 중에서는 카카오톡 대화명에 "거짓말쟁이의 최후 ㅋ"라고 쓴 행위를 학교폭력으로 인정한 사례가 있습니다. 제가 실제 다루었던 사건들 중에서는 24시간이 지나면 자동적으로 삭제되는 인스타그램 스토리에 다소 애매하게 "피해자인 척하네"라는 등의 글을 썼는데, 스토리가 삭제되기 전에 이 글이 다른 친구들한테 캡처되어, 학교폭력 신고가 이루어진 경우도 있었습니다. 결코 심각한 사이버폭력 사건이 아니었습니다. 참고로 카카오톡 대화명을 "거짓말쟁이의 최후 ㅋ"라고 한 사건의 경우, 최초 다른 사유로 학교폭력 신고가 이루어졌으나 "조치없음" 받은 가해학생이 카카오톡 대화명에 "거짓말쟁이의 최후 ㅋ"라고 표기하자, 그 행위가 학교폭력으로 인정된 사건입니다. 이 사건은 사이버폭력에 해당된다는 점에서 중요하지만, 사이버폭력이라는 점 외에도 사건이 종결된 이후 2차 가해에 해당할 수 있는 행동을 해서는 안 됨을 알 수 있는 중요한 사례이기도 합니다. 앞서도 2차 가해에 관하여 설명드렸던 것처럼, 보호자께서는 설령 자녀의 학교폭력 사건이 "조치없음"으로 끝나더라도, 가능하면 해당 사건에 대해 언급하지 않도록 지도할 필요가 있겠습니다.

최근 들어 사이버폭력에 대한 우려가 많고, 또 그 여파가 심각하다고 보고 있습니다. 그러니 설령 사소한 문제일지라도 심의위원회에 간다면 학교폭력이 아니라고 판단받기가 어렵고, 조치 수준도 높을 수 있습니다. 그렇기 때문에 이 부분에 대해서 조금 더 보호자께서는 자녀들에 대한 교육과 지속적인 확인이 필요하다고 생각합니다.

● 성폭력

앞서 잠깐 언급하였던 것처럼 법원은 경우에 따라 학교폭력에서의 "성폭력"을 형사법에서 말하는 "성폭력"과 동일하게 좁은 범위로 보기도 하고, 반대로 넓게 보기도 합니다. 제 개인적인 견해로는 선도와 교육에 초점이 있는 학교폭력과 처벌에 초점이 있는 형사법은 다르기 때문에 특별한 사정이 없다면 학교폭력에서의 성폭력을 형사법상 성폭력으로 한정하여 해석할 필요는 없지 않을까 생각합니다.

성폭력이 관련된 학교폭력 사건의 경우 학교폭력예방법에 따른 절차 외에 형사고소도 이루어집니다. 「아동·청소년의 성보호에 관한 법률」 제34조 제2항, 「성폭력방지 및 피해자보호 등에 관한 법률」 제9조 등에 따라 학교가 성폭력을 인지하게 될 경우 즉시 경찰에 신고할 의무가 있기 때문에 단순히 학교폭력 사건으로만 그치지 않습니다.

그런데 형사고소가 이루어져 경찰조사 등을 거쳤으나 강간 등 성폭행으로 인정되지 않을 경우, 가해학생의 보호자께서는 이를 근거로 학교폭력예방법에 따른 조치도 취소되어야 한다고 주장하시는 경우가 있습니다.

그러나 "합리적 의심을 배제할 정도의 증명"을 요하는 형사법상 증명 정도와 "고도의 개연성"을 요구하는 학교폭력예방법상 증명 정도가 다르고 심의위원회는 형사법에 따른 결과에 종속될 필요가 없기 때문에 형사적으로 무혐의를 받았다고 하여 심의위원회 조치가 무조건적으로 바뀌어야 하는 것은 아닙니다.

성폭력의 사안의 경우, 심의위원회로부터 나오는 조치 자체가 대체로 무겁습니다. 예를 들어 동성 친구의 엉덩이를 찬 행위와 이성 친구의 엉덩이를 찬 행위는 전혀 다르게 평가될 수 있고, 조치 수준도 확연한 차이가 발생할 수 있습니다. 조치가 무겁다는 것 외에도 제대로 된 방어를 하기 위해서는 당시 상황은 물론 전후 주변 사정 등 여러 요소들을 종합하여 입장을 낼 필요가 있고, 사안 자체가 기본적으로 어렵기 때문에 철저히 준비해야 합니다.

아래 사안은 심의위원회가 성폭력을 이유로 처분을 내렸으나, 법원에서는 성폭력에 해당하지 않는다고 판단하여 심의위원회가 내린 처분을 취소한 사례입니다. 내용이 길지만, 성폭력 사건에서는 어떤 점에 집중하여 대응해야 할지 알 수 있는 좋은 사례라 읽어 보시는 것을 추천합니다.

인천지방법원 2021. 8. 19. 선고 2020구합55330 판결

(생략)

3) 구체적 판단

가) 위와 같은 규정 및 법리에 비추어 이 사건을 본다. 원고와 피해학생 사이에 1차, 2차 성행위가 있었다는 사실에 대해서는 당사자 간의 다툼이 없다. 그러나 앞서 든 각 증거와 을 제4호증의 기재, 변론 전체의 취지에 의하여 인정되는 다음과 같은 사정을 종합하면, 피고가 제출한 증거만으로는 원고와 피해학생 사이의 이 사건 각 성행위가 피해학생의 의사에 반하는 것으로서 성적 자기결정권을 침해한 것이라고 단정하기 어렵다.

(1) 피고는 원고가 피해학생의 의사에 반하여 이 사건 각 성행위를 함으로써 피해학생의 성적 자기결정권을 침해하였다고 주장하는바, 이 사건에 관한 학교폭력 조사과정 및 이 사건 위원회 회의 당시 이루어진 피해학생의 진술과 피해학생이 2020. 3. 16. K센터에서 한 진술이 이에 부합하는 증거이다. 피해학생은 당시, 원고가 이 사건 각 성행위 전 피해학생에게 위 성행위 장소인 공중화장실로 자신을 따라오지 않으면 자신과 성적인 내용으로 대화를 한 페이스북 메신저 메시지를 퍼뜨려 버린다고 협박했고, 자신이 이 사건 각 성행위 당시 원고에게 아프다고 싫다고 하였으나 원고는 이를 무시했다는 취지로 진술을 한 바 있다. 그런데 원고는 학교폭력 조사 당시부터 이 사건에 이르기까지 일관되게 피해학생과 합의하에 이 사건 각 성행위를 하였다는 취지로 주장하고 있어, 피해학생의 진술과 원고의 주장이 서로 일치하지 아니한다.

(2) 그런데 원고와 피해학생이 이 사건 각 성행위를 전후로 주고받은 페이스북 메신저 메시지 내용 등 아래와 같은 여러 사정에 비추어 보면, 원고가 피해학생과의 성적 대화 내용이 담긴 페이스북 메신저 대화 내용을 유포하겠다고 협박하거나, 아프다거나 싫다는 피해학생의 말을 무시하는 등으로 피해학생의 성적 자기결정권을 침해한 채 이 사건 각 성행위가 이루어졌다고 단정하기는 어렵다.

① 원고와 피해학생은 2020. 2. 23. 서로 사귀기로 페이스북 메신저로 메시지를 주고받으면서 같은 해 2. 28. 만나기로 약속을 하였다. 피해학생은 당시 원고와 위와 같이 메시지를 주고받던 중 성적 접촉을 한 경험을 묻거나 만나서 서로 성적 접

촉을 하자는 내용이 담긴 메시지를 주고받았다. 또한 원고와 피해학생은 다음 날인 2020. 2. 24. 페이스북 메신저 메시지를 주고받으면서도 좋아하는 스킨십이 어떤 것인지에 대한 대화를 나누는가 하면, 만나서 공원 화장실에서 성행위를 하자는 내용과 성행위 방법에 관한 내용이 포함된 대화를 서로 주고받았다.

② 피해학생은 2020. 2. 25. 그 어머니로부터 원고와 주고받은 페이스북 메신저 메시지 내용으로 인하여 꾸지람을 듣고 난 후 원고에게 '내가 순수하게 잘 사귄다고 했어, 내 몸을 내가 지키래' 등의 메시지를 보냈다. 그러나 원고와 피해학생은 그 후로도 만나서 스킨십 등 성적 접촉을 하자는 내용의 메시지를 주고받기도 하였다.

③ 피해학생은 이 사건 1차 성행위가 있었던 당일 저녁 원고에게 커플링·커플시계샷, 거울샷 등 연인들이 SNS에 게시할 목적으로 촬영하는 것이 일반적인 사진들을 촬영하지 못하였음을 아쉬워하는 메시지를 보내는 한편, 온라인 게임인 '배그(배틀그라운드)'를 오래간만에 깔았다거나, 할 만한 게임이 없다면서 또 다른 온라인 게임인 '루미큐브'나 해야겠다는 등의 메시지를 보냈다. 또한 피해학생은 2020. 2. 29. 오후에도 원고에게 함께 커플링·커플시계샷, 거울샷 등을 촬영하고 싶다면서 집 앞으로 와 달라고 하는가 하면, 원고가 사진 촬영하는 것을 좋아하지 않는다고 하자 원고에게 그날 서로 스킨십까지 하였음을 상기시키는 메시지를 보내기도 하였다. 이와 같은 이 사건 1차 성행위 이후 페이스북 메신저를 통한 원고와 피해학생 사이에 이루어진 대화 내용에 비추어 보면, 피해학생이 이 사건 1차 성행위 전후로 원고로부터 성적 대화 내용이 담긴 페이스북 메신저 메시지를 유포하겠다는 협박을 받는 등으로 성적 자기결정권이 침해된 상태에서 성폭력 피해를 당하였다고 단정하기는 어렵다.

④ 피해학생은 위와 같이 이 사건 2차 성행위가 있기 전날인 2020. 2. 29. 페이스북 메신저로 대화를 나누면서 함께 커플링·커플시계샷 사진을 촬영하자고 요구하면서 성적 접촉을 제안하는 내용의 메시지를 주고받기도 하였다. 또한 피해학생은 원고를 만나 이 사건 2차 성행위가 이루어진 이후에도 페이스북 메신저로 원고를 '자갸', '남친 님'이라고 부르는 등의 메시지를 내기도 하고, 원고에게 전화를 걸어 만나 줄 것을 요구하기도 하였다. 그러나 피해학생이 이 사건 1차 성행위 당시 원고로부터 본인의 의사에 반하여 원고로부터 성폭력 피해를 당하였음에도 그 이후로도 위와 같이 원고에게 자신을 만나 줄 것을 요청하였다는 것은 쉽게 납득하기 어렵고, 원고가 그와 같은 피해학생의 요청에 응하여 원고를 다시 만난 후에도

애들 싸움이 어른 싸움 되는 학교폭력

이 사건 1차 성행위 당시와 유사한 경위와 과정을 거쳐 또다시 이 사건 2차 성행위로 이어져 성폭력 피해를 당하게 되었다는 것도 이를 선뜻 믿기 어렵다.

⑤ 비록 원고가 이 사건 2차 성행위 이후 피해학생이 보낸 페이스북 메신저 메시지에 제대로 답하지 아니하거나 전화도 받지 아니하는 등 연락을 회피하는 태도를 보였다고 하더라도, 그러한 사정만으로 이 사건 각 성행위가 피해학생의 의사에 반하는 것으로서 성적 자기결정권을 침해한 것이라고 단정할 수는 없다.

⑥ 경찰은 원고의 피해학생에 대한 성폭력 혐의에 대하여 내사를 개시하였고, 앞서 살펴본 바와 같이 피해학생으로부터 사건의 경위에 관한 진술을 받기도 하였으나 그 후 내사종결을 하였고, 그에 따라 원고에 대해서는 소년법에 따른 보호처분 결정 등이 내려지지도 아니하였던 것으로 보인다.

⑦ 특히 피해학생은 원고와 같은 나이인 동급생이고, 이 사건 각 성행위 당시 원고의 폭행, 협박, 위력, 위계, 강요 등이 개입하였던 정황은 발견할 수 없다. 나아가, 원고와 페이스북 메신저를 통해 나누었던 대화 내용에 비추어 보면, 피해학생은 성행위 및 성적 접촉의 의미와 내용, 영향 등에 대해서는 이미 일정 정도의 인식은 갖추고 있었던 것으로 보인다. 이러한 사정을 종합해 보면, 피해학생이 이 사건 각 성행위 당시 만 13세를 넘긴 중학교 2학년 학생으로서 정신적·육체적 성숙도를 고려할 때 자신의 의사에 따라 성적 접촉 여부를 결정할 능력이 성인에 비해 다소 부족한 상태였다고 하더라도, 이 사건 각 성행위 당시 성적 자기결정권의 행사가 불가능하거나 어려운 상황이었다고 단정하기는 어렵다.

4) 소결론

결국 원고와 피해학생의 주장이 서로 일치하지 아니하는 상황에서, 앞서 본 제반 사정들에 비추어 보면 피해학생의 진술만으로는 원고가 이 사건 각 성행위 과정에서 피해학생의 의사에 반하여 성적 자기결정권을 침해함으로써 피해학생에게 신체적·정신적 피해를 가하였음을 인정하기 부족하고, 달리 이를 인정할 증거가 없다. 따라서 원고가 피해자와 이 사건 각 성행위를 한 것이 구 학교폭력예방법이 정한 '성폭력'에 해당한다고 보기 어려우므로, 이 사건 처분은 처분사유가 인정되지 아니함에도 이루어진 위법한 처분으로서 취소되어야 한다(따라서 원고의 재량권 일탈·남용 주장에 대해서는 나아가 판단하지 아니한다).

● 고의가 아닌 과실이라면?

고의가 아닌 과실, 즉 실수라면 어떻게 보아야 할까요? 신발주머니로 피해학생의 얼굴을 실수로 친 사안에서 가해학생은 과실이라고 주장했고, 피해학생은 설령 과실이라고 하더라도 학교폭력에서는 고의를 요하지 않는다고 주장한 사건이 있습니다. 이에 대해 법원은 학교폭력예방법이 별도로 '폭행'의 정의 규정을 두고 있지 아니하여 형법의 해석에 따라야 하는데, 형법상 폭행은 고의에 의한 것만을 의미하므로, '학교폭력'에 있어서 과실에 의한 것까지 포함한다고 해석하는 것은 법 제3조의 취지에 반한다고 보아 학교폭력을 인정하지 않았습니다(수원지방법원 2020. 6. 25. 선고 2019구합69781 판결).

사안마다 구체적인 내용을 바탕으로 판단해야겠지만, 일단 고의에 의하지 않고 과실로 벌어진 사안에 대해서 학교폭력으로 인정하기는 어려워 보입니다. 그럼에도 사안을 자세히 살펴보아야 한다고 말하는 것은 정말 "과실"인지가 판단하기 쉽지 않기 때문입니다. 가해학생과 피해학생이 평소 다툼이 없었고, 사고 직후 "괜찮냐?"라고 하는 등의 사정이 있었다면 과실로 보는 것이 타당하겠지만, 둘 간에 지속적인 다툼이 있어 왔고, 가해학생이 사과하지도 않았다면, 가해학생이 "실수였다"고 주장하더라도 인정되지 않을 가능성이 높습니다.

과실과 관련해서 한 가지 사례를 소개해드릴까 하는데, 혹시 "계단서 친구 밀어 치아 7개가 손상됐는데, 학교폭력 아니다?"라는 제목의 기사를 보신 적이 있을까요? 2023년 9월에 발생한 사건인데, 피해학생의 치아가 7개나 손상되었고, 심의위원회는 사회봉사 8시간 등의 처분을 내렸습니다. 가해학생 측은 "고의가 아닌 과실"이므로 학교폭력에 해당하지 않고, 다치게 하려는 의도가 없었으므로 징계처분이 너무 과하다고 주장하며 심의위원회 결정에 불복하여 행정소송을 제기하였습니다.

법원은 일단 미는 행동에 대해서는 고의가 있다고 판단했습니다. 그러나 ① 학교폭력으로 인정될 만한 부분은 밀었던 행위밖에 없고, ② 치아가 손상된 것은 불의의 사고로 인한 것이며, ③ 가해학생과 보호자가 화해를 위한 충분한 노력(금전적 합의는 없었음)을 했고, ④ 사회봉사는 졸업일로부터 2년이 지난 뒤 삭제되기 때문에 학생 미래에 큰 영향을 미친다는 점을 근거로 가해학생에 대한 징계처분이 과하다고 판단하였습니다.

이처럼 법원은 사안에 따라서 고의가 있고, 실제 피해학생에게 발생한 결과가 중하더라도 전체적인 사안을 고려하여 학교폭력을 인정하지 않는 경우도 있으니, 단지 피해가 중하다는 이유만으로 심의위원회 조치에 대한 불복 자체를 포기할 필요는 없겠습니다.

6장

심의위원회 판단 과정

가. 심의위원회는 어떻게 판단할까?
심의위원회 판단기준 개관

학교폭력예방법에 대해 알아보았으니, 이제 심의위원회가 어떻게 판단하는지에 대해 살펴볼까 합니다. 심의위원회가 가해학생에 대한 조치를 고려할 때는 당연히 정해진 기준을 참조하여 결정합니다. 참고로 피해학생에 대한 조치도 심의위원회가 결정하지만, 이 부분의 핵심은 가해학생에 대한 조치이므로 가해학생에 대한 조치 위주로 설명하겠습니다.

학교폭력예방법 제17조 제1항, 같은 법 시행령 제19조 그리고 「학교폭력 가해학생 조치별 적용 세부기준 고시」 [별표]에 따라, 아래와 같이 기본적으로 5가지 요소에 대한 점수가 부여되고, 그 점수의 합산에 따라 가해학생에 대한 조치가 결정됩니다.

물론 심의위원회 위원들은 보통 개별적으로 점수를 내고 합산하여 구체적인 조치를 판단하고 있으나, 심의위원회 위원 중에는 경우에 따라 일단 생각하는 조치 수준을 먼저 결정하고, 그에 맞게 판정 점수를 내시는 위원분들도 계십니다. 올바른 방식인지에 대한 의문이 있을 수 있겠지만, 각자 기준에 맞춰 판단하는 것이기 때문에 이 부분만을 특별히 문제 삼기는 어려울 것 같습니다.

애들 싸움이 어른 싸움 되는 학교폭력

[별표] 학교폭력 가해학생 조치별 적용 세부 기준

			기본 판단 요소					부가적 판단요소	
			학교폭력의 심각성	학교폭력의 지속성	학교폭력의 고의성	가해학생의 반성정도	화해정도	해당 조치로 인한 가해학생의 선도가능성	피해학생이 장애학생인지 여부
판정 점수		4점	매우높음	매우높음	매우높음	없음	없음		
		3점	높음	높음	높음	낮음	낮음		
		2점	보통	보통	보통	보통	보통		
		1점	낮음	낮음	낮음	높음	높음		
		0점	없음	없음	없음	매우높음	매우높음		
가해학생에 대한 조치	교내선도	1호 피해학생에 대한 서면사과	1~3점					해당점수에 따른 조치에도 불구하고 가해학생의 선도가능성 및 피해학생의 보호를 고려하여 시행령 제14조제5항에 따라 학교폭력대책심의위원회 출석위원 과반수의 찬성으로 가해학생에 대한 조치를 가중 또는 경감할 수 있음	피해학생이 장애학생인 경우 가해학생에 대한 조치를 가중할 수 있음
		2호 피해학생 및 신고·고발학생에 대한 접촉, 협박 및 보복행위의 금지	피해학생 및 신고·고발학생의 보호에 필요하다고 심의위원회가 의결할 경우						
		3호 학교에서의 봉사	4~6점						
	외부기관연계선도	4호 사회봉사	7~9점						
		5호 학내외 전문가에 의한 특별 교육이수 또는 심리치료	가해학생 선도·교육에 필요하다고 심의위원회가 의결할 경우						
	교육환경변화 (교내)	6호 출석정지	10~12점						
		7호 학급교체	13~15점						
	교육환경변화 (교외)	8호 전학	16~20점						
		9호 퇴학처분	16~20점						

　가해학생은 심의위원회 참석과 별개로 무조건 입장을 정리한 의견서를 제출하라고 말씀드렸는데, 사안에 따라 다르겠지만, 저의 경우 보통 의견서의 순서를 위 기본 판단 요소들에 맞게 구성합니다. 즉, ① 학교폭

력의 심각성, ② 지속성, ③ 고의성, ④ 가해학생의 반성 정도, ⑤ 화해 정도를 순서대로 언급하며 서술하는 방식을 취하고 있습니다. 여러분들도 직접 의견서를 작성하여야 하는 경우가 있다면, 위와 같은 기준에 맞추어서 논리를 구성하는 것을 추천합니다.

애들 싸움이 어른 싸움 되는 학교폭력

나. 심의위원회는 어떻게 판단할까?
심각성, 지속성

지금부터는 가해학생에 대한 조치를 판단하는 기본 판단 요소 하나하나에 대한 자세한 설명을 해 볼까 합니다.

● 심각성

피해 및 가해의 내용과 정도를 고려하여 결정됩니다. 심의위원회는 피해학생이 많은지, 피해 금액이 큰지, 신체적 피해가 있었는지, 피해가 어느 정도의 치료를 요하는지, 가해학생 수가 많은지, 흉기 등 위험한 물건이 사용되었는지 등 여러 요소를 기준으로 심각성을 판단하고 있습니다.

그런데 "절대적인" 기준이 있는 것은 아닙니다. 예를 들어 전치 2주는 1점, 3주는 2점 등등 이런 식으로 구체적으로 점수가 있는 것이 아니라 여러 사정을 보고 종합적으로 판단해서 결정하기 때문에 심각성에 대한 점수는 기대한 것 이상이 나올 수도, 아니면 반대일 수도 있습니다.

다만 경험에 비추어 말씀드리면, 대체적으로 성폭력이 관련된 사안일 경우 심각성을 높게 보는 경향이 있고, 폭행 중에서도 진단서 등 객관적

자료가 명확히 제출된 경우에 심각성을 더 높게 보는 경향이 있는 것 같습니다. 그러나 이것은 전체적인 경향일 뿐 사안에 따라 신체적 폭력은 없었고, 욕설 등 언어적 폭력만이 있었음에도 심각성이 높다고 평가될 수 있습니다. 앞서 말씀드린 표를 보시면, 심각성이 "높음"으로 평가되었을 경우에는 그것만으로 판정 점수가 "3점"이 되기 때문에, 사실상 서면사과의 가능성은 거의 없게 됩니다. 그런 점에서 가해학생이라면 여러 객관적인 증거를 통해 가해행위가 심각하지 않았음을 설득할 필요가 있고, 반대로 피해학생이라면 진단서 제출 등 객관적 자료를 통해 적극적으로 피해사실에 대해 주장할 필요가 있습니다.

● **지속성**

지속성은 학교폭력 가해행위가 얼마나 반복되었는지, 어느 정도의 기간 동안 지속되었는지를 기준으로 판단합니다. 가해행위의 횟수, 기간 등을 통해 판단하는데, 사실 이 또한 절대적인 기준이 있는 것은 아닙니다. 그러니 3회 이상부터는 "보통"이라거나 몇 개월 이상 계속되어야 "높음"이라거나 하는 식으로 판단하지 않고, 그렇기 때문에 이 부분 판단에서는 다툼이 발생할 수 있습니다.

피해학생 입장에서 말씀드리면, 지속성 수준에 대해 제대로 판단받기 위해서는 학교폭력 신고 시 자신이 당한 학교폭력을 모두 명시하는 것이 좋습니다. 간혹 심각한 사건만 선별하여 일부 내용만 신고하는 경우도 있는데, 심의위원회 입장에서는 신고된 내용을 중심으로 판단하기 때문에 이 경우 실제 당한 학교폭력보다 적게, 즉 지속성이 낮다고 판단할

애들 싸움이 어른 싸움 되는 학교폭력

가능성이 있습니다. 그렇기 때문에 학교폭력을 신고하실 때는 당한 피해 사실 모두를 빠짐없이 열거하여 명시해 주는 것이 필요합니다.

지속성과 관련해서는 또 하나의 쟁점이 있는데, 바로 지속성을 판단할 때 가해학생이 다른 학생에게 한 학교폭력 사실도 고려하여 평가해야 하는지에 대한 문제입니다. 이에 대해서 답변드리면, 가해학생이 다른 학생에 대해 한 학교폭력 사실을 근거로 선도 가능성이 낮다고 평가할 수는 있겠습니다만, 그것만으로 피해학생에 대한 학교폭력의 지속성이 높다고 평가할 수는 없습니다. 지속성은 동일한 학생에 대한 가해행위가 얼마나 계속되었는지로 평가하여야 하기 때문입니다. 따라서 신고 학생에 대한 가해행위의 지속성을 판단할 때, 다른 학생에 대한 가해행위 사실을 고려하여서는 안 됩니다. 만약 가해학생의 다른 학교폭력 행위를 이유로 심의위원회에서 지속성을 높게 판단했다면, 행정심판 및 행정소송 등 불복을 고려할 필요가 있습니다.

다. 심의위원회는 어떻게 판단할까?
고의성, 반성 정도, 화해 가능성

● **고의성**

학교폭력에서 말하는 고의성은 형사법의 고의와는 조금 다른 개념입니다. 형사법에서 말하는 고의는 자기의 행위가 결과를 발생시킬 것을 인식하고 결과의 발생을 용인하는 것을 말하며 과실에 반대되는 개념입니다. 그러나 학교폭력에서 말하는 고의성은 가해행위의 경위나 동기 등을 고려하여 가해학생이 가해행위를 계획했는지, 의도하였는지를 평가하는 항목입니다.

그렇기 때문에 여기서 고의성이 없었다는 말이 곧 "과실"이라는 의미는 아니며, 단지 계획하지 않았다, 즉 우발적인 행위였다라는 말로 볼 수 있습니다. 따라서 고의성이 없는 행위로 평가받기 위해서는 가해학생과 피해학생과의 관계, 그리고 사건이 일어난 경위 등에 대해 자세히 밝힘으로써 계획적이지 않았고 순간적으로 일어난 우발적 행위였음을 설명할 필요가 있습니다.

예를 들어 둘 사이가 평소 대등하게 장난을 하는 사이인지, 아니면 한 명이 다른 한 명을 일방적으로 괴롭혔던 사이였는지 등등에 따라 같은 결과라고 하더라도 고의성이 달리 판단될 수 있습니다. 따라서 정말 우발적인 행위라면, (형사상) "고의"가 있는 행위일지라도 (학교폭력상) "고의성"은 없음(0점)으로 평가받을 수 있습니다. 다만 없음으로 평가받을 수 있다는 것이지, 반드시 평가받는 것은 아닙니다.

고의성과 관련해서는 최근 주목할 만한 판결이 있었는데, 잠깐 소개해 드리고자 합니다. 우선 사실관계는 아래와 같습니다.

> 가해학생은 심각한 자폐성 장애가 있었습니다. 특히 사회화 영역에서 차례나 규칙을 알고 목표를 인식할 수 있어야 하는 게임을 하기 어려운 2.79세 수준이라는 판정을 받은 학생이었습니다. 그런데 이 가해학생의 행위로 피해학생이 상당한 불쾌감과 두려움, 불안감을 느끼고 있습니다.

위 사안을 학교폭력으로 볼 수 있을까요? 법원은 학교폭력에 해당하지 않는다고 보았습니다. 해당 학생의 경우 중증도 자폐성 장애를 가지고 있는 등 여러 사정을 고려할 때 고의성이 없다고 판단한 것입니다.

> 고의성 없는 행위도 '학교폭력'에 해당한다고 본다면 이는 결과책임을 묻는 것이 되어 앞서 본 법의 목적에도 반하는 점 등에 비추어 보면, 어떠한 행위가 '폭행' 내지 '성폭력' 등으로서 '학교폭력'에 해당하기 위해서는 적어도 해당 행위자가 자신이 하는 행위로 인해 피해학생에게 신체·정신 또는 재산상 피해를 입힐 수 있다는 사실을 인식하면서도 그러한 행위로 나아가는 주관적 요건이 필요하다.
> 학교 내·외에서 발생하는 학생들 사이의 일정한 신체적 유형력의 행사에 대해서 그 발생경위, 피해학생과 가해학생의 평소관계, 유형력 행사 당시의 상황과 그 정

도 등을 고려하지 않고 이를 모두 폭행 등으로 인한 학교폭력으로 보게 되면, 학교 폭력예방법의 입법 목적과 달리 처벌이나 선도 필요성이 거의 없는 학교폭력 가해 학생이 양산되는 결과가 발생할 수 있고, 이는 학교·보호자가 학생에 대한 적절한 생활지도를 통하여 갈등을 해소하는 교육적 해결보다는, 분쟁과 대립을 양산하여 학교폭력예방법의 입법목적에 반하는 결과가 될 수 있다(수원지방법원 2024. 8. 22. 선고 2024구합62418 판결).

이렇게 위 판결에서는 자폐성 장애를 이유로 고의성이 없다고 보아 학교폭력에 해당하지 않는다고 판단하였는데, 이런 판결이 가능했던 것은 중증도의 자폐가 있었던 특수한 상황이었기 때문이라고 생각합니다. 단지 경증에 불과하였거나 가해학생이 자신의 행위에 대해 인식할 수준의 능력이 있었다면, 장애가 있다는 이유만으로 학교폭력이 아니라고 판단받기는 어려울 것으로 보입니다. 물론 장애를 이유로 감경사유에 해당할 수는 있습니다.

● 반성 정도

반성 정도는 우선 가해학생의 태도를 통해 판단합니다. 구체적으로는 가해학생이 가해행위를 인정하고 있는지, 피해학생에 대해 사과를 했는지 또는 사과하지 못했다면 사과할 의향이 있는지, 피해학생의 피해회복을 위해 어떠한 노력을 했는지 등을 살펴봅니다.

이때는 가해학생 보호자의 태도도 중요한데, 가해학생 보호자의 노력도 반영될 수 있다고 생각합니다. 가해학생의 보호자가 피해학생 및 피해학생의 보호자에게 사과의 의사를 밝히고 피해회복을 위해 노력하는 모습을 보였다면, 이 역시 반성 정도에 반영될 수 있다고 생각합니다. 또한 심의위원회는 선도 가능성을 부차적 판단요소로 보고 있다는 점에서도 제대로 지도하여 선도시킬 수 있음을 보여 주는 것이 중요합니다. 후술하겠지만, 가해학생의 보호자가 가해학생을 제대로 지도하겠다는 의지를 보여 주는 것은 학교폭력 사안뿐 아니라 혹시 있을 소년보호사건에서도 매우 중요한 의미가 있습니다. 소년보호사건에서는 선도 가능성을 특히 핵심적인 요소로 판단하기 때문에 가해학생의 보호자의 선도 의지가 있어야 최소한의 처분만을 받을 수 있습니다.

혹시 피해학생 측에서 사과의사를 받아 주지 않거나 거부한다면, 반성 정도가 낮게 나올까요? 꼭 그렇지는 않습니다. 피해학생 측에서 가해학생의 사과를 받아 준다면 가장 좋겠으나, 피해학생이 받아 주지 않는다고 하여도 객관적인 사정을 보아 가해학생이 진심으로 반성하고 있다면, 심의위원회 위원들은 반성 정도를 높게 평가할 수 있습니다. 그렇기 때문에 "피해학생이 받아 주지 않기 때문에 사과하지 않았다"라는 변명보다 피해학생이 받아 주는 것과 무관하게 피해학생 측에게 끊임없는 사과의 의사를 전달하는 것이 중요합니다.

● 화해 가능성

마지막으로 화해 가능성에 대해 말씀드려 볼까 합니다. 화해 가능성은 반성 정도와 밀접하게 연결되어 있습니다. 화해 가능성은 피해학생에게 생긴 손해에 대한 보전이 이루어졌는지, 피해학생이 용서를 했는지 등을 보고 판단합니다. 그리고 중요한 부분 중 하나가 해당 학교폭력과 관련하여 민·형사 사건이 진행 중인지 여부입니다.

계속 말씀드리는 것이지만 이런 점 때문이라도 가해학생 측이라면 사과를 지속적으로 해야 한다고 생각합니다. 많은 가해학생의 보호자께서 '내 자식은 잘못이 없다'라는 편향된 생각으로, 피해학생의 사소한 행위에 대해 맞폭신고를 하는 모습을 보여 줄 때가 있습니다. 이렇게 될 경우 피해학생 측은 학교폭력 신고로만 그치지 않고, 형사고소 및 민사소송 등을 진행하게 될 가능성이 높아지는데, 소송이 진행되면 학교폭력 사안에서는 화해 가능성이 낮다고 평가받을 수 있습니다.

상대방의 잘못이 훨씬 크거나, 혹은 최소한 잘못이 거의 비슷한데도 상대방이 학교폭력으로 신고했다면 당연히 맞폭신고를 해야 하겠지만, 그렇지 않다면 굳이 상대방을 자극해서 사안이 더 커지는 것은 막아야 한다고 생각합니다. 어느 때 참아야 하는지는 사안에 따라 너무 다르기 때문에 일률적으로 말씀드리기는 어렵습니다. 다만 맞폭신고가 고민되신다면, 적어도 이를 통해 화해 가능성에서 좋지 않은 평가를 받게 되지는 않을지도 고민하셔서 신중하게 결정하시기 바랍니다. 저는 가능한 "자극하지 말고 사과하자"고 제안드리고, 그것이 화해 가능성을 좋게 평가받는 길이라고 보입니다.

애들 싸움이 어른 싸움 되는 학교폭력

라. 심의위원회로부터 좋은 판단을 받기 위해서는?

 학교폭력은 잘못된 행위이지만, 처벌에 집중하기에는 가해학생도 아직 너무나도 어리고 미성숙한 면이 있습니다. 또한 피해학생 입장에서도, 단순히 가해학생을 처벌하는 것보다, 가해학생이 이 일을 계기로 반성하고 개선되어 진심으로 사과하는 것이 더 필요합니다. 학교폭력예방법의 궁극적인 목적은 가해학생과 피해학생 모두 행복하게 학교생활을 할 수 있게 하는 것이라 생각합니다. 따라서 가해학생을 강하게 처벌하는 것보다 진정으로 반성하고 개선될 수 있도록 하는 것이 더 필요합니다.

 이러한 목적을 고려할 때 위원들도 대체적으로 "얼마나 반성하고 있고, 얼마나 개선될 수 있나?", 즉 "선도 가능성"에 초점을 맞추어 사안을 바라보고 있습니다. 선도 가능성이 부차적 판단요소로 분류되어 있기는 하나, 개인적인 견해로는 선도 가능성에 대한 판단이 기본적 판단요소 모두에도 영향을 미칠 수 있다고 생각합니다.

 여러분들이 위원이라고 생각해 보더라도, 명확하지 않을까요? 동일한 수준의 폭행 사건이라도, 피해회복을 위해 노력하고, 상대방이 수용하든 하지 않든 끊임없이 사과를 한 사람과 그렇지 않은 사람을 동일하게 평가할 수 있을까요? 반성 정도, 화해 가능성에서 점수를 다르게 부여하는 것은 물론이고, 심각성, 지속성, 고의성에서도 다른 평가를 할 가능성이 높지 않을까요? 앞서 말한 것처럼 정량적으로 "전치 2주 = 보통", "전치 3주 = 심각"과 같이 일률적으로 규정되어 있는 것이 아니라 위원들이 나름의 기준으로 판단하기 때문에 사과하고 선도의 의지를 보여 준 사람과 그렇지 않은 사람 사이에서 심각성, 지속성, 고의성은 전혀 다르게 평가될 수 있습니다.

가해학생의 보호자 입장에서는 신체적 폭력이 포함된 심각한 괴롭힘이 아니라면 "이것도 학교폭력이야?"라고 생각하시는 경우가 대다수로 보입니다. 그러나 그런 생각보다 피해학생의 입장에서 적극적으로 사과 의사를 표명하고 선도의지를 보여 주는 것이 더 좋은 결과를 가져올 수 있다는 점 반드시 기억하시기 바랍니다.

애들 싸움이 어른 싸움 되는 학교폭력

7장

심의위원회의 조치

가. 심의위원회 결정은
언제 통보될까?

　심의위원회 위원들은 피해학생과 가해학생에 대한 질의/응답이 끝난 후 곧바로 피해학생 및 가해학생에 대한 조치를 결정하고 있습니다. 간혹 심의위원회 결정이 통보되기 전까지 바뀔 가능성이 있다고 생각해서 뒤늦게 의견서 등을 제출하는 경우도 보았는데, 사실상 의미가 없다고 생각합니다. 소송의 경우 변론기일이 종결되고 선고가 있기 전까지 참고서면 등을 제출하는 것은, 판사님이 변론기일 끝나자마자 바로 판결문을 작성하시는 것이 아니기 때문에 참고서면의 내용이 판결에 영향을 미칠 가능성이 있습니다. 그러나 심의위원회는 당일 질의·응답을 마친 후, 바로 심의위원회 논의를 통해 결론을 내리기 때문에, 이후에 뒤늦게 제출된 의견서가 결론에 영향을 미칠 여지가 거의 없습니다.

　그렇다면 이미 당일에 결정된 내용이 왜 빨리 통보가 안 되는지 의문이 있을 수 있습니다. 이는 심의위원회 위원들이 조치에 대해 토론을 하고 결정을 내리더라도, 추후 교육지원청에 계신 공무원분들이 그 내용을 정리하고, 통보서에서 개인정보가 문제되는 부분을 삭제하는 작업이 필요하기 때문입니다. 담당 공무원은 많지 않고, 반면에 최근 학교폭력 사건은 엄청 많기 때문에 시간이 오래 걸릴 수밖에 없습니다.

　학교폭력 사건이 많지 않았을 때는 빠르면 통보서가 2일 만에도 나오는 경우가 있었지만, 지금은 적어도 10일은 기다려야 그 내용을 알 수 있습니다. 다만 2주 이상 오래 걸리지는 않습니다. 학교폭력 사건은 많은데 이를 담당하는 공무원의 수는 충분하지 못한 구조적인 문제에서 발생하는 지연이므로, 너그러운 마음으로 기다려 주실 필요가 있겠습니다.

나. 서면사과

　본격적으로 심의위원회가 가해자에 대해 내리는 조치를 하나씩 살펴보겠습니다. 학교폭력예방법 제17조 제1항을 보면 "심의위원회는 피해학생의 보호와 가해학생의 선도·교육을 위하여 가해학생에 대하여 다음 각 호의 어느 하나에 해당하는 조치(수 개의 조치를 동시에 부과하는 경우를 포함한다)를 할 것을 교육장에게 요청하여야 하며, 각 조치별 적용기준은 대통령령으로 정한다"라고 규정하고 있습니다. 즉, 심의위원회는 각 호의 어느 하나에 해당하는 조치를 하도록 요청해야 합니다. 그러니 학교폭력이라고 판단되는 이상 아무리 사소한 행위라고 하더라도 조치가 나갈 수밖에 없습니다. 물론 증거가 불충분하거나 행위 자체가 학교폭력이 아니라고 판단된다면 "조치없음"으로 결정됩니다.

● 생활기록부에 기재되지 않을 수 있다

　결국 어떤 조치가 나오게 되는 이상, 가장 최선은 "서면사과"(제1호)입니다. 서면사과는 뒤에서 설명할 제2호(접촉금지 등), 제3호(교내봉사)

조치와 함께 경한 조치로 분류되는데, 가장 큰 이유는 제1호부터 제3호 조치는 곧바로 생활기록부에 기재되지 않기 때문입니다. 원칙적으로 제1호(서면사과), 제2호(접촉금지 등), 제3호(교내봉사) 조치도 졸업할 때까지 생활기록부에 기재되는 것이 원칙이나, 생활기록부에 모든 조치를 무조건 기재하게 할 경우, 가벼운 학교폭력을 했음에도 가해학생을 학교폭력 가해자라는 낙인을 찍어 버린다는 문제가 있다고 보아서, 일정한 예외를 두고 있습니다. 여기서 말하는 일정한 예외란,「초·중등교육법 시행규칙」제21조 제3항에 따라 조치사항을 이행하고, 동일 학교급에 재학(초등학생인 경우에는 그 조치를 받은 날부터 3년 이내의 범위에서 동일 학교급에 재학하는 동안)하는 동안 다른 학교폭력사건으로 조치를 받지 않는 이상 생활기록부에 기재하지 않는 것을 말합니다. 쉽게 말하면, 서면사과 조치를 받으면 일단은 생활기록부에 기재하지 않지만, 만약 동일 학교급에 재학하는 동안 또 다른 학교폭력 사건으로 조치를 받을 경우에는, 이전에 받았던 서면사과 조치도 생활기록부에 함께 기재되는 것입니다. 물론 생활기록부에 기재되지 않았을 뿐 "조건부 기재유보 관리대장"에는 별도로 기록하고 보관되고 있습니다. 그러나 보호자께서 가장 걱정하는 것은 대학이나 특목고 진학에 제한이 생기는지에 관한 부분일 것이고, 대학이나 특목고는 생활기록부를 기준으로 보고 있기 때문에 "조건부 기재유보 관리대장"의 기재 여부는 큰 신경을 쓰지 않으셔도 되겠습니다. 물론 가해학생 스스로가 "조건부 기재유보 관리대장"에 학교폭력 사실이 기재되어 있음을 인식하고, 다시는 학교폭력을 하지 않아야 하는 것은 당연한 의무일 것입니다.

이처럼 서면사과는 가장 경한 조치이고, 가해학생 입장에서도 대학 진학 등 상위 학교 진학에 큰 문제가 없으니, 가해학생이 서면사과 조치를 받으면 "좋아할 것이다"라고 생각할지 모르겠지만, 제 경험상 서면사과로 결론 내려진 사건이 오히려 다툼과 불복이 많은 것 같습니다. 왜냐하면 서면사과가 나왔다는 것은 정말 경미한 사안이라는 뜻이고, 경미한 사안일 경우 가해학생 보호자는 학교폭력 자체가 아니라고 생각하는 경우가 많기 때문입니다. 그러나 현행 법령상 학교폭력에 해당하는 이상, 최소한 서면사과의 조치는 나와야 하기 때문에, 학교폭력으로 판단된 행위 자체는 있었지만, 단지 "이 정도가 학교폭력이야?"라는 취지라면 불복하더라도 취소의 가능성이 낮으므로 신중하게 고민해 볼 필요가 있습니다. 이와 달리, 만약 어떤 행위 자체가 없었다거나, 행위의 증거가 없음에도 심의위원회가 학교폭력으로 보았다면 다투어 보는 것도 충분히 고려해 볼 수 있습니다.

● 양심의 자유에 반할까?

서면사과와 관련해서는 2가지 정도의 추가적인 쟁점이 있는데, 첫째는 "양심의 자유에 반하지 않는가"라는 문제입니다. 서면사과라는 조치가 "사과를 강요한다"라고 하여 위헌적인 요소가 있다는 논의는 오래전부터 있었습니다. 여러 변호사님들께서 저마다 여러 의견을 냈었는데, 2023년 2월 헌법재판소에서 위헌인지에 대한 판단을 하였습니다.

다른 이야기를 먼저 하자면, 사과 강요를 위헌으로 본 전례가 있습니다. 민법 제764조는 "타인의 명예를 훼손한 자에 대하여는 법원은 피해자의 청구에 의하여 손해배상에 갈음하거나 손해배상과 함께 명예회복에 적당한 처분을 명할 수 있다"고 규정하고 있는데, 과거 법원은 "명예회복에 적당한 처분"이라는 위 규정을 근거로, 명예훼손을 한 가해자에게 신문지상 등에 "사죄광고"를 할 것을 명하기도 하였습니다.

그런데 이러한 "사죄광고"가 양심의 자유 및 인격권을 침해한다고 하여 헌법소원이 청구되었고, 헌법재판소는 아래와 같은 이유 등으로 "위헌(한정위헌)"으로 판단하였습니다.

> 원래 깊이 "사과한다"는 행위는 윤리적인 판단·감정 내지 의사의 발로인 것이므로 본질적으로 마음으로부터 우러나오는 자발적인 것이라야 할 것이며 그때 비로소 사회적 미덕이 될 것이고, 이는 결코 외부로부터 강제하기에 적합치 않은 것으로 이의 강제는 사회적으로는 사죄자 본인에 대하여 굴욕이 되는 것에 틀림없다. 더구나 사죄광고란 양심의 자유에 반하는 굴욕적인 의사표시를 자기의 이름으로 신문·잡지 등 대중매체에 게재하여 일반 세인에게 널리 광포하는 것이다. 이러한 굴욕적인 내용을 온 세상에 광포하면서도 그것이 소송의 성질상 형식적 형성의 소에 준하는 것임에 비추어 그 구체적 내용이 국가기관에 의하여 결정되는 것이며 그럼에도 불구하고 마치 본인의 자발적 의사형성인 것같이 되는 것이 사죄광고이며 또 본인의 의사와는 무관한 데도 본인의 이름으로 이를 대외적으로 표명되게 되는 것이 그 제도의 특질이다. 따라서 사죄광고 과정에서는 자연인이든 법인이든 인격의 자유로운 발현을 위해 보호받아야 할 인격권이 무시되고 국가에 의한 인격의 외형적 변형이 초래되어 인격형성에 분열이 필연적으로 수반되게 된다. 이러한 의미에서 사죄광고 제도는 헌법에서 보장된 인격의 존엄과 가치 및 그를 바탕으로 하는 인격권에 큰 위해도 된다고 볼 것이다(헌법재판소 1991. 4. 1. 선고 89헌마160 전원재판부 결정).

이러한 헌법재판소의 결정 덕분에 "법제처 국가법령정보센터" 등에서 「민법」을 검색하시면서, 「민법」 제764조에는 아래와 같은 문구가 표기되어 있습니다.

민법 제764조(명예훼손의 경우의 특칙) 타인의 명예를 훼손한 자에 대하여는 법원은 피해자의 청구에 의하여 손해배상에 갈음하거나 손해배상과 함께 명예회복에 적당한 처분을 명할 수 있다.

[89헌마160 1991. 4. 1. 민법 제764조(1958. 2. 22. 법률 제471호)의 "명예회복에 적당한 처분"에 사죄광고를 포함시키는 것은 헌법에 위반된다.]

그 때문인지, 많은 사람들이 "사과를 강요하는 것"은 양심의 자유에 반한다는 생각을 가지게 된 것 같습니다. 저 역시 헌법 시간에 해당 판례를 공부하면서, "사과 강요 = 양심의 자유 침해"라고 외웠던 기억이 있습니다.

따라서 학교폭력예방법에 따른 서면사과 조치에 대해 양심의 자유 및 인격권을 침해하는 것이 아닌가라는 의문이 많았습니다. 결국 헌법재판소에 헌법소원이 청구되었고, 헌법재판소의 판단을 받게 되었습니다.

헌법재판소는 어떠한 결정을 했을까요? 사죄광고와 동일하게 위헌이라고 판단했을까요? 결론부터 말씀드리면, 헌법재판소는 서면사과 조치는 합헌이라고 판단하였습니다. 헌법재판소는 학교폭력예방법 제17조 조치의 특수한 특성에 주목하였는데, 아래와 같습니다.

서면사과조항은 가해학생에게 반성과 성찰의 기회를 제공하고 피해학생의 피해 회복과 정상적인 학교생활로의 복귀를 돕기 위한 것이다. 학교폭력은 여러 복합적인 원인으로 발생하고, 가해학생도 학교와 사회가 건전한 사회구성원으로 교육해야 할 책임이 있는 아직 성장과정에 있는 학생이므로, 학교폭력 문제를 온전히 응보적인 관점에서만 접근할 수는 없고 가해학생의 선도와 교육이라는 관점도 함께 고려하여야 한다. 학교폭력의 가해학생과 피해학생은 모두 학교라는 동일한 공간에서 생활하므로, 가해학생의 반성과 사과 없이는 피해학생의 진정한 피해회복과 학교폭력의 재발방지를 기대하기 어렵다. 서면사과 조치는 단순히 의사에 반한 사과명령의 강제나 강요가 아니라, 학교폭력 이후 피해학생의 피해회복과 정상적인 교우관계회복을 위한 특별한 교육적 조치로 볼 수 있다. 서면사과 조치는 내용에 대한 강제 없이 자신의 행동에 대한 반성과 사과의 기회를 제공하는 교육적 조치로 마련된 것이고, 가해학생에게 의견진술 등 적정한 절차적 기회를 제공한 뒤에 학교폭력 사실이 인정되는 것을 전제로 내려지는 조치이며, 이를 불이행하더라도 추가적인 조치나 불이익이 없다. 또한 이러한 서면사과의 교육적 효과는 가해학생에 대한 주의나 경고 또는 권고적인 조치만으로는 달성하기 어렵다. 따라서 이 사건 서면사과조항이 가해학생의 양심의 자유와 인격권을 과도하게 침해한다고 보기 어렵다(헌법재판소 2023. 2. 23. 선고 2019헌바93, 2019헌바254(병합) 전원재판부 결정).

위와 같이 헌법재판소는 학교폭력예방법 제17조에서 규정하고 있는 서면사과는 응보적인 관점만이 있는 것이 아니라, 선도와 교육이라는 관점도 있는 만큼 단순히 사과의 강요나 강제로 볼 수 없고, "교육적인 조치"로 보아야 한다고 판단했으며, 그 결과 사죄광고와는 달리 양심의 자유와 인격권을 과도하게 침해한다고 보지 않았습니다.

● 서면사과 내용을 정할 수 있을까?

서면사과와 관련된 두 번째 쟁점은 서면사과의 내용을 정할 수 있는지에 대한 부분입니다. 즉 심의위원회가 서면사과 조치를 결정하면서 서면사과에 포함될 구체적인 문구 등을 정할 수 있는지에 관한 것입니다. 결론부터 말씀드리면, 가능하지 않습니다. 앞서 서면사과의 위헌성에 대해 판단한 헌법재판소 결정에서는 서면사과 조치의 합헌성을 판단한 이유 중의 하나로 "서면사과의 조치는 내용에 대한 강제가 없다"는 점을 들기도 하였습니다. 이런 점을 고려할 때 서면에 포함될 특정 문구를 명하는 것은 양심의 자유에 반할 가능성이 높습니다.

따라서 불충분한 서면사과도 서면사과로 인정될 수 있습니다. 예를 들어, 가해학생이 조치에 따라 서면사과를 하면서 "내 생각에 너가 유별나다고 생각하지만, 너가 불편하게 생각하니 유감이야"라는 서면사과를 했다고 가정해 봅시다. 이 경우 피해학생으로서는 전혀 사과를 받았다는 느낌이 들지 않겠지만, 현행 법령에 따른다면 서면사과를 한 것으로 보아야 합니다. 사실 이 부분이 서면사과 제도의 맹점 중에 하나입니다.

그런데 가능하다는 것과 할 수 있다는 것은 다르다고 생각합니다. 불충분한 서면사과를 하는 것은 좋지 않다고 생각합니다. 왜냐하면 피해학생도 가해학생의 조치에 대해 행정심판 또는 행정소송 등 불복할 수 있고, 이외 각종 민·형사상 조치를 취할 수 있습니다. 피해학생이 저런 서면사과를 받았다면, 반드시 조치에 불복하거나 소송을 제기하지 않을까요? 심지어 행정소송에서 불충분한 서면사과를 증거로 제출하면서 가해학생이 반성 가능성, 선도 가능성이 없다고 주장할 수도 있을 것입니다. 결국 사건은 더더욱 커지고, 피해학생과 가해학생 모두에게 깊은 상처로 남게 될 것입니다. 그러니 서면사과 조치를 받았다면 충실하게 사과문을 작성하고 진심으로 사과하여 사안을 문제없이 마무리하는 것이 바람직하다고 생각합니다.

애들 싸움이 어른 싸움 되는 학교폭력

다. 피해학생 및 신고·고발 학생에 대한 접촉, 협박 및 보복행위의 금지

학교폭력예방법 제17조 제1항 제2호 조치인 "피해학생 및 신고·고발 학생에 대한 접촉, 협박 및 보복행위(정보통신망을 이용한 행위를 포함한다)의 금지"에 대해 알아보도록 하겠습니다. 흔히 "접촉금지 등"으로 표현하고 있는데, 사실 이 처분의 경우 부가적인 성격이 강해서 단독으로 부과되는 경우보다 다른 조치와 함께 부과되는 경우가 많습니다(제가 담당한 사안들에서는 단독으로 부과된 경우를 보지 못했습니다). 경험상 서면사과 조치만을 결정할 때는 제2호 조치까지 동시에 부과되지 않는 것으로 보이나, 최소 교내봉사 이상의 조치가 부과될 때는 제2호 조치도 함께 부과되는 경우가 많은 것으로 보입니다.

학교폭력예방법 제17조 제11항에서는 "제1항 제2호의 처분을 받은 가해학생의 보호자는 가해학생이 해당 조치를 적절히 이행할 수 있도록 노력하여야 한다"고 규정되어 있으므로, 가해학생 보호자께서는 학생들이 해당 조치를 잘 이행할 수 있도록 도움을 주실 필요가 있습니다. 제2호 조치도 서면사과(제1호) 조치와 마찬가지로 조치를 이행하고 동일학교급에서 학교폭력으로 다시 조치를 받지 않는 이상 생활기록부에 기재되지 않습니다.

라. 학교에서의 봉사

　제3호 조치는 학교에서의 봉사, 즉 교내봉사입니다. 개인적인 경험으로는 가해학생은 보통 만족하나, 피해학생은 크게 반발하는 조치입니다. 왜냐면 교내봉사가 나올 정도의 학교폭력 사건이라면, 사안이 가볍지 않은 경우가 많습니다. 그러니 피해학생 입장에서는 사회봉사 이상의 조치가 나와 생활기록부에 졸업 후 2년 이상 기재되는 것을 바랄 것인데, 교내봉사는 이행만 하면 생활기록부에 기재되지 않으니 반발하는 경우가 많습니다. 반대로 가해학생 입장에서는 사회봉사가 나올까 조마조마했다가 교내봉사가 나오니 만족하는 경우가 많습니다.

　이처럼 교내봉사와 사회봉사가 학생에게 미치는 영향이 매우 큰데, 심의위원회의 판단 점수 1점에 따라서 교내봉사가 될 수도, 사회봉사가 될 수도 있기 때문에 개인적인 견해로는 교내봉사에 이를 정도의 사건이라면 제대로 된 대응이 필요하다고 생각합니다.

　보통 일회적 또는 일시적인 언어적 폭력 사건에서는 교내봉사까지는 잘 나오지 않는 편이고, 신체적 폭행이 있거나, 지속적으로 괴롭혔거나 또는 2인 이상의 가해자가 있는 사안에서 나오는 조치로 보입니다.

마. 사회봉사

보통 제4호 조치부터는 중한 조치로 분류됩니다. 제4호 조치는 사회봉사인데, 봉사라는 측면에서 교내봉사와 동일하지만, 결과의 차이는 너무나도 큽니다. 사회봉사부터는 생활기록부에 졸업 후 2년 동안 기재될 수 있습니다. "기재된다"라고 표현하지 않고 "기재될 수 있다"라고 표현한 것은 졸업 전 심의를 통해 삭제될 가능성이 있기 때문인데, 이 부분에 대해서는 별도로 다루도록 하겠습니다.

사회봉사부터는 생활기록부에 2년간 기재되고, 이로 인하여 학생들 장래에 영향을 미치는 문제가 있으므로 심의위원회에서도 부담스러워 쉽사리 조치를 내리기 어려운 면도 있습니다. 특히 고등학생의 경우, 졸업 후 2년이라면 사실상 3수를 할 때까지 대학을 진학하는 데 어려움을 겪기 때문에 더욱 신중하게 판단하는 것으로 보입니다. 일례로 가해학생이 다른 동성 1명의 성기를 잡는 등 성추행을 하고 모욕적인 행동을 했는데도, 교내봉사의 조치만이 나올 경우도 있었습니다(물론 여러 사정을 바탕으로 나온 조치이므로, 비슷한 사건에서 동일한 조치가 나온다고 볼 수는 없습니다).

개인적인 생각으로는 생활기록부 기재가 문제라면, 적어도 사회봉사부터 학급교체 조치까지의 경우 생활기록부 기재 기간을 심의위원회가 결정하게 하는 법 개정도 고민해 보는 것이 어떨까 합니다. 물론 빠른 시일 내에 결론을 내리기는 쉽지 않아 보입니다.

어쨌든 사회봉사 조치부터는 상대적으로 중한 조치이므로, 사전에 심의위원회를 철저히 준비할 필요가 있는 사안이고, 이러한 준비가 부족하여 사회봉사가 나왔다면, 자녀의 장래에 큰 영향이 있는 만큼 불복도 적극적으로 고민해 보아야 할 조치라고 생각합니다. 일률적으로 말씀드리기는 어렵지만, 개인적으로는 신체적으로 피해가 큰 폭행, 성폭력 등의 사안이 아닌 지속성이 짧은 명예훼손 및 모욕만으로 사회봉사가 나오기는 어렵다고 생각합니다. 얼굴이나 몸을 때려 신체적 피해가 생긴 사례에서 보통 심의위원회는 사회봉사 조치를 내리고 있고, 법원도 이러한 조치에 대해 문제없다고 보고 있습니다. 이런 점을 볼 때 단순 명예훼손 또는 모욕 등으로 사회봉사 조치까지 나왔다면, 적극적으로 불복을 고민해 보는 것도 좋을 것 같습니다.

바. 학내외 전문가, 교육감이 정한 기관에 의한 특별 교육이수 또는 심리치료

제5호 조치는 "학내외 전문가에 의한 특별 교육이수 또는 심리치료"입니다. 유명 기획사에서 걸그룹으로 데뷔한 멤버 중 한 명이 과거 이 5호 (학내외 전문가, 교육감이 정한 기관에 의한 특별 교육이수 또는 심리치료) 조치를 받은 이력이 밝혀져 결국 데뷔하자마자 퇴출당하기도 하였습니다. 앞서 말씀드린 것처럼 4호 조치부터는 중한 조치라고 할 수 있으므로, 해당 걸그룹 멤버에게 구체적으로 어떤 일이 있었는지는 모르겠지만, 분명 사안 자체는 가볍지 않았던 것으로 보입니다.

한편 제5호 조치는 학교폭력예방법 제17조 제13항에 "심의위원회는 가해학생이 특별교육을 이수할 경우 해당 학생의 보호자도 함께 교육을 받게 하여야 하며, 피해학생이 장애학생일 경우 장애인식개선 교육내용을 포함하여야 한다"고 규정되어 있으므로, 가해학생에게 특별교육이 부과되면, 그 보호자도 이러한 특별교육을 이수해야 한다는 특징이 있습니다.

보호자도 특별교육을 이수해야 한다는 점에서 보호자께서 강력하게 반발하는 경우가 많은데, 자녀에게 이 정도의 조치가 나올 정도로 잘못을 했다면 보호자께서도 자녀 교육에 대하여 다시 한번 생각해 볼 필요도 있어 보이므로, 꼭 성실히 이수하시기 바랍니다. 그리고 특별교육을 이수하지 않으면 학교폭력예방법 제23조 제1항에 따라 300만 원 이하의 과태료가 부과될 수 있습니다. 과태료 납부를 하지 않기 위해서라도 반드시 이수하시기 바랍니다.

● 보호자 특별교육이수도 불복대상인가?

간혹 심의위원회 조치에 불복하실 때 보호자의 특별교육 이수 부분도 불복하시는 경우가 있습니다. 그런데 보호자 특별교육 이수의 경우, 자녀의 특별교육을 전제로 부과되는 것이어서, 자녀의 특별교육 조치가 취소되면 자동으로 보호자의 특별교육 이수 의무가 사라지게 됩니다. 그렇기 때문에 별도로 다툴 필요가 없고, 그럼에도 청구취지(심판취지)에 이런 내용을 쓰게 될 경우 "각하"됩니다. "각하"는 쉽게 말해서, 형식적인 요건의 미비로 청구 자체에 이유가 없다고 보아 내용에 대한 판단에 나아가지도 않는 것을 말합니다. 아래 판결의 내용을 참고해 보시면 좋을 것 같습니다.

가해학생 보호자에 대한 특별교육 이수조치는 가해학생이 선도·교육을 위하여 특별교육을 이수하는 경우 해당 학생의 보호자에게 그 목적을 달성하기 위하여 마련된 부수처분으로서 가해학생의 특별교육 이수를 전제로 하므로, 가해학생에 대한 처분과 별도로 존재하거나 다툴 수 있는 것이 아니다. 즉, 가해학생에 대한 특별교육 이수조치가 유효하여 가해학생이 특별교육을 이수하는 경우 해당 학생의 보호자는 위 규정에 따른 처분에 따라 함께 교육을 받아야 하는 것이고, 가해학생에 대한 특별교육 이수조치가 위법하여 취소되거나 무효로 되어 가해학생이 특별교육을 이수하지 아니하게 되는 경우 해당 학생의 보호자에 대한 특별교육 역시 이를

애들 싸움이 어른 싸움 되는 학교폭력

이수하게 할 근거를 상실하게 되는 것이다.

그렇다면 원고는 원고에 대한 특별교육 이수조치의 적법 여부를 다투는 것과 별도로 이 사건 보호자처분의 적법 여부를 다툴 법률상 이익이 없다. 더욱이 이 사건 보호자처분은 원고가 아닌 보호자를 그 대상으로 한 것으로서 원고에게 그 적법 여부를 다툴 독자적인 법률상 이익이 있다고 인정하기도 어렵다. 따라서 이 사건 소 중 이 사건 보호자처분의 취소를 구하는 부분은 부적법하다(수원지방법원 2024. 10. 24. 선고 2023구합75738 판결, 부산지방법원 2020. 9. 25. 선고 2020구합 245 판결 등 다수).

그런데 유일한 판결인 것 같습니다만, 아래와 같이 보호자 특별교육 이수에 대해 독자적으로 다툴 소의 이익이 있다고 본 판결도 있습니다. 아마도 이러한 판결 때문에, 각하될 것을 알면서도, 청구취지(심판취지)에 보호자 특별교육이수 부분을 함께 기재하는 경우가 있는 것 같습니다.

가해학생 보호자에 대한 특별교육이수 조치는 가해학생이 선도·교육을 위하여 특별교육을 이수하는 경우 그 목적을 달성하기 위하여 해당 학생의 보호자에게도 부과되는 것으로서, 가해학생의 특별교육이수를 전제로 하고, 가해학생에 대한 특별교육이수 처분이 위법하여 취소되거나 무효로 되어 가해학생이 특별교육을 이수하지 아니하게 되는 경우 해당 학생의 보호자에 대한 특별교육 역시 이를 이수하게 할 근거를 상실하게 되는 것이므로, 부수적인 성격이 있음은 부인하기 어렵다.

그러나 가해학생의 특별교육이수 처분에 대하여 소로써 다투는 기회에 보호자에 대한 특별교육이수 조치에 대하여도 이를 다투는 법률상 이익을 인정하지 아니하는 경우, 설령 가해학생의 특별교육이수 처분이 취소되거나 무효인 것으로 확인되었음에도, 학교장이 보호자에 대한 특별교육이수 조치에 대하여 특별한 조치를 취하지 아니하는 경우 부득이 별소로 그 위법성과 무효확인을 구해야 하는 것이므로(다음에서 살펴보듯이 보호자가 이를 따르지 아니하는 경우 과태료가 부과될 수 있는 점에서 더욱 그러하다), 이는 분쟁의 일회적 해결 및 소송경제상 부당하다. 또한 구 학교폭력예방법 제17조 제9항은 가해학생 보호자에 대한 특별교육이수 조치의 부과 여부만을 가해학생의 특별교육이수 여부에 의존하게 하는 것이고, 보호자에 대한 특별교육이수의 정도(시간)에 대하여는 자치위원회에 재량을 부여하고 있다고 해석된다. 실제로 가해학생에 대한 특별교육이수 시간과 보호자에 대한 특별교육이수 시간은 항상 동일한 것이 아니라 별도로 정하여지는 것이고, 이 사건에서도 원고에 대한 특별교육과 보호자에 대한 특별교육이수 시간은 서로 다르다. 나아가 구 학교폭력예방법 제23조 제1항은 자치위원회의 교육 이수 조치를 따르지 아니한 보호자에게는 300만 원 이하의 과태료를 부과하도록 되어 있다. 따라서 가해학생에 대한 특별교육이수 조치가 위법하지 않다고 판단되어 해당 학생의 보호자에 대하여 특별교육이수를 반드시 부과하여야 하는 경우라 하더라도, 보호자에게 부과된 특별교육이수 조치에 대하여는 독자적으로 다툴 법률상 이익을 인정하는 것이 타당하다(서울행정법원 2020. 6. 5. 선고 2019구합55910 판결).

사. 출석정지

제6호의 출석정지는 일정 기간 학교에 출석을 하지 못하도록 하는 조치입니다. 제3호에서 제5호(교내봉사, 사회봉사, 특별교육이수 등) 조치의 경우 학교폭력예방법 제17조 제12항에 따라 학교장이 인정하는 때에는 출석일수에 포함하여 계산할 수 있는데, 출석정지는 그러한 규정이 없으므로, 출석일수에 산입하지 않고, 무단결석으로 처리됩니다.

과거에는 출석정지가 생활기록부에 기재되는 기간이 2년이었습니다. 그런데 최근 학교폭력에 관한 문제가 심각해지고, 특히 유명 정치인의 자녀가 연루된 학교폭력 사건이 많은 등 국민적 관심이 커지다 보니, 기재기간이 2년에서 4년으로 늘어나게 되었습니다. 이러한 변경은 엄청난 결과의 차이를 가져옵니다. 예를 들어 과거에는 초등학교 4학년때 출석정지 조치를 받았다면, 그 학생이 특목고 등 고등학교에 진학하는 데 큰 장애가 없었으나, 이제는 초등학교 졸업 후 4년간 기재되어 있으니 고등학교 진학에 장애가 되고, 만약 중학교 때 출석정지 조치를 받았다면, 적어도 재수할 때 까지 대학 진학에 장애가 생기게 되었습니다. 고등학교때 출석정지가 나왔다면, 사실상 대학진학을 포기해야 할 수도 있는 상황입니다.

	구 학교폭력예방법	현 학교폭력예방법
1호, 2호, 3호	· 졸업과 동시에 삭제	
4호, 5호	· 원칙: 졸업 후 2년 보존 · 예외: 졸업 직전 심의를 통해 삭제 가능	
6호, 7호	· 원칙: 졸업 후 2년 보존 · 예외: 졸업 직전 심의를 통해 삭제 가능	· 원칙: 졸업 후 4년 보존 · 예외: 졸업 직전 심의를 통해 삭제 가능
8호	· 졸업 후 예외 없이 2년 보존	· 졸업 후 예외 없이 4년 보존
9호	· 영구보존(삭제 불가)	

◆ 1호(서면사과), 2호(접촉금지 등), 3호(교내봉사), 4호(사회봉사), 5호(특별교육 또는 심리치료), 6호(출석정지), 7호(학급교체), 8호(전학), 9호(퇴학)

이런 조치에 대해 어떤 분들은 "가해학생이 잘못한 것이니 당연한 것 아니냐?", "이 정도 조치가 나올 정도면 심각한 사안이다"라고 이야기할 수도 있습니다. 저도 물론 잘못된 행위에 대해서는 엄벌하는 것이 맞다고 생각하나, 오히려 이런 개정이 엄벌의 가능성을 떨어뜨릴 확률도 있다고 생각합니다.

심의위원회 입장에서도 과거와 달리 출석정지 이상의 조치를 하기가 더욱 부담스러워졌기 때문입니다. 만약 고등학생이라면 졸업 후 4년까지 대학진학을 못 하게 되는 등 사실상 그 아이의 장래를 포기하게 만드는 결정을 해야 하다 보니, 누가 보아도 명백한 사안이 아닌 이상 더 낮은 조치를 고민할 수밖에 없게 됩니다. 이런 점에서 처벌의 규정을 강화하는 것이 꼭 좋은 결과만을 가져오는지는 않는다고 생각합니다.

● 출석정지 기간의 상한이 있을까?

그렇다면 출석정지는 며칠이 부여될까요? 학교폭력예방법에서는 출석정지 처분을 할 수 있다는 규정만 있을 뿐, 구체적으로 어느 정도 기간을 부여할 수 있는지에 대해서는 규정하고 있지 않습니다. 유사한 규정이 있는 「초·중등교육법」을 살펴볼 필요가 있는데, 해당 법에서는 학교 장은 교육상 필요한 경우 학생에 대하여 출석정지 징계를 할 수 있다고 규정하고 있고, 같은 법 시행령 제31조 제1항에서는 1회 10일 이내, 연간 30일 이내의 출석정지를 할 수 있다고 규정하여, 출석정지 기간의 상한을 정하고 있습니다.

이런 이유로 「초·중등교육법」과 달리 출석정지 상한 기간을 정하지 않은 것이 헌법에 위반되는 것이 아니냐는 의문이 제기되었고, 헌법재판소의 판단을 받게 되었습니다. 그러나 헌법재판소는 아래와 같은 이유로 출석정지의 기간의 상한을 정하지 않아도 헌법에 위반되지 않는다고 보았습니다.

> 이 사건 징계조치 조항이 가해학생에 대하여 수개의 조치를 병과할 수 있도록 하고 출석정지조치를 취함에 있어 기간의 상한을 두고 있지 않다고 하더라도, 가해학생의 학습의 자유에 대한 제한이 입법 목적 달성에 필요한 최소한의 정도를 넘는다고 볼 수 없다(헌법재판소 2019. 4. 11. 선고 2017헌바140, 141(병합) 전원재판부 결정).

● 출석정지 기간을 무한정 부과할 수 있을까?

그렇다면 이론적으로는 출석정지를 무한정 부과해도 된다는 것인데, 이러한 조치에 문제가 없을까요? 출석정지를 무려 60일이나 부과한 사례가 있었는데, 법원은 "피고가 이 사건 처분으로써 정한 원고의 출석정지 기간 60일은 구 초·중등교육법 제18조 제1항, 같은 법 시행령 제31조 제1항 제4호에 따른 출석정지 기간의 상한인 1회 10일 이내, 연간 30일 이내를 현저히 초과해 사실상 유급에 준하는 결과를 초래하므로 인정되는 징계사유에 비해 지나치게 무겁다(서울행정법원 2023. 8. 10. 선고 2022구합75310 판결)"고 판단하였습니다. 아래 판결의 내용을 한번 살펴보시면 좋을 것 같습니다.

아래와 같은 이유에서 피고가 이 사건 처분으로써 원고에 대한 출석정지 기간을 60일로 정한 것은 인정되는 징계사유에 비해 원고에게 지나치게 가혹하다.
① 초·중등교육법 시행령 제31조 제1항 제4호, 이 사건 규정 제39조 제4호, 제43조 제4호는 출석정지 기간을 1회 10일 이내, 연간 30일 이내로 규정하고 있다. 그러나 위 규정들은 구 초·중등교육법 제18조 제1항에 따라 학생을 징계하는 경우에 적용되는 것인데, 이 사건 처분은 구 초·중등교육법 제18조 제1항이 아닌 교원지위법 제18조 제1항 제4호에 근거하여 이루어졌고, 달리 교원지위법이 이 법에 정하지 않은 사항에 대하여 초·중등교육법을 준용한다는 취지로 규정하고 있지 아니하므로, 피고가 이 사건 처분으로써 원고에 대한 출석정지 기간을 정함에 있어 초·중등교육법 시행령 제31조 제1항 제4호, 이 사건 규정 제39조 제4호, 제43조 제4호가 직접 적용되어 그 기간이 반드시 1회 10일 이내로 한정된다고 보기는 어렵다.
② 그러나 구 초·중등교육법 제18조 제1항, 같은 법 시행령 제31조 제1항 제4호에 따른 출석정지나 교원지위법 제18조 제1항 제4호에 따른 출석정지는 학생의 잘못에 대한 제재의 성격을 가짐과 아울러 학생에 대하여 적절한 훈육과 선도를 통

하여 모범적인 사회인으로 성장할 수 있는 기회를 부여하려는 교육적인 성격을 가진다는 측면에서 아무런 차이가 없다. 따라서 학교의 장은 교원지위법 제18조 제1항 제4호에 따른 출석정지 기간을 정함에 있어 구 초·중등교육법 제18조 제1항, 같은 법 시행령 제31조 제1항 제4호에 따른 출석정지 기간이 1회 10일 이내, 연간 30일 이내로 한정된다는 점을 고려할 필요가 있다. 교권을 보호하고 학생들에 대한 원활한 교육활동을 보장하기 위해서는 교육활동 침해행위에 대하여 적절한 제재를 가할 필요가 있다고 할 것이나, 달리 입법자가 이러한 필요를 고려하여 교원지위법 제18조 제1항 제4호에 따른 출석정지의 경우 구 초·중등교육법 제18조 제1항, 같은 법 시행령 제31조 제1항 제4호에 따른 출석정지와 다르게 특별히 기간의 상한을 두지 않았다고 볼 만한 자료는 발견할 수 없다.

③ 피고가 이 사건 처분으로써 정한 원고의 출석정지 기간 60일은 구 초·중등교육법 제18조 제1항, 같은 법 시행령 제31조 제1항 제4호에 따른 출석정지 기간의 상한인 1회 10일 이내, 연간 30일 이내를 현저히 초과해 사실상 유급에 준하는 결과를 초래하므로 인정되는 징계사유에 비해 지나치게 무겁다. 이 사건이 발생한 2022년 당시 이 사건 학교 3학년 과정의 수업일수는 초·중등교육법 시행령 제45조 제1항 제1호에 따라 192일로 정해졌으므로, 원고가 이 사건 학교 3학년 과정을 수료하는 데 필요한 최소 출석일수는 초·중등교육법 시행령 제50조 제2항에 따라 128일(= 192일 × 2/3)이 된다. 그런데 출석정지 기간은 출석일수에 산입되지 않으므로, 원고는 출석정지 기간에 더해 추가로 5일 이상 결석할 경우 초·중등교육법 시행령 제50조 제2항에 따른 수료에 필요한 최소 출석일수를 충족할 수 없게 되는바, 이 사건 처분은 사실상 유급에 준하는 조치라고 할 것이다. 뿐만 아니라 이 사건 처분에 따른 원고의 출석정지 기간 60일은 이 사건이 발생한 2022년 당시 이 사건 학교 3학년 과정의 수업일수인 192일의 약 3분의 1에 달한다는 점에 있어서도 지나치게 과중하다(서울행정법원 2023. 8. 10. 선고 2022구합75310 판결).

위 판결이 있은 이후, 심의위원회에서는 출석정지를 10일 이내로 정하고 있는 것으로 보입니다. 그러나 법령에서 별도로 규정하고 있지 않고, 헌법재판소에서 합헌이라고 한 만큼 "10일의 상한"에 의문이 있는 것은 사실입니다. 결국 깔끔하게 법 개정을 하는 것이 타당해 보입니다. 이런 의문과 별개로 보호자께서는 출석정지는 실질적으로 최대 10일 정도 부과된다고 생각하시면 좋을 것 같습니다.

● 출석정지는 중한 조치이다

참고로 출석정지는 생활기록부에 4년 기재된다는 점에서 학교폭력예방법에 따른 조치 가운데 이견 없이 중한 조치로 평가받는 조치입니다. 따라서 쉽게 나오기는 어렵습니다. 법원의 판결을 살펴보면, 예를 들어 지속적으로 놀리거나 노래를 만들어 놀린 사안에서도 출석정지는 과도하다고 보기도 하였습니다.

다만 신체적 폭력이 없었다고 하더라도, 성폭력과 같이 성적인 행동이 있었다면 법원은 출석정지가 정당하다고 보고 있습니다. 아래 사례를 한번 살펴보겠습니다.

① 전지훈련 숙박시설에서 가해학생이 피해학생의 핸드폰을 구경하고, 샤워실에서 피해학생에게 엉덩이를 보여 주었다.
② 학교 샤워실에서 가해학생이 피해학생 앞에서 소변을 보고, 수건과 팬티를 가져오라고 시킨 후 엉덩이와 항문을 보여 주었다.
③ 점심시간에 가해학생이 피해학생에게 카드를 건네주며 껌과 빵을 사 오라고 시켰고, 귀가하는 피해학생에게 여자친구를 만나는지 물어보고 성적인 말을 꺼냈다.

가해학생이 피해학생의 엉덩이를 강제로 공개한 것이 아니라, 자신의 엉덩이를 피해학생에게 보여 준 사례이고, 가해학생은 장난이었다고 주장했지만 심의위원회는 출석정지 등의 조치를 하였고, 법원도 심의위원회가 재량권을 일탈·남용하지 않았다고 보았습니다. 이와 같이 성적인 행동이 있었다면, 신체적 폭력이 없다고 하더라도 출석정지에 해당될 수도 있습니다.

위와 같은 사례를 통해 대략적으로 출석정지는 어느 정도의 행위에서 나오는지 생각해 볼 필요가 있습니다. 또한 중한 조치인 만큼 가해학생 입장에서는 해당 조치가 나왔다면, 적극적인 불복도 고민해 볼 필요가 있겠습니다.

아. 학급교체

　제7호의 학교교체 조치는 가해학생의 학급을 다른 반으로 이동시키는 조치입니다. 학급이 교체되면, 생활기록부에 4년간 기재된다는 문제점 외에, 주변 친구들도 가해학생이 명백한 잘못을 했다는 것을 알게 되고, 또 가해학생이 새로운 학급에 적응해야 한다는 문제도 있기 때문에 해당 조치부터는 가해학생 및 보호자께서는 큰 부담감을 느끼게 됩니다. 반면 피해학생 입장에서는 가해학생과 같은 반에서 생활하는 것 자체가 큰 부담이기 때문에 이 조치를 많이 선호하는 것도 사실입니다.

　그런데 학급교체 조치는 과도한 폭행이나 장기간의 괴롭힘과 같이 다소 심각한 학교폭력 사안에 적용되는 것이므로, 쉽게 나오기는 어렵습니다. 최근 모 정치인의 초등학생 자녀가 심각한 학교폭력을 했음에도 겨우 학급교체 조치만 내려졌다고 비난이 있었습니다. 정확한 내용을 알 수 없기 때문에 해당 조치가 적정했는지에 대해 판단하기는 어려우나, 학교폭력예방법에서 학급교체는 전학 바로 밑에 있는 중한 조치이므로 "겨우 학급교체"라고 표현하기에는 다소 무리가 있습니다. 이처럼 학급교체가 매우 중한 조치임을 알아주셨으면 좋겠고, 피해학생 보호자께서는 만약 가해학생과 마주치지 않는 것이 목적이라면 피해학생에 대한 보호조치의 일환으로 피해학생의 학급교체를 요청하는 방안도 고려해 보시기 바랍니다.

자. 전학, 퇴학

● 초·중등학생에 할 수 있는 최대의 조치: 전학

마지막으로 가장 중한 조치인 전학과 퇴학에 대해 다루어 볼까 합니다. 인터넷에서 심각한 학교폭력에 대한 뉴스를 보다 보면, 빠지지 않고 등장하는 댓글이 "퇴학시켜 버려라"입니다. 그런데 퇴학은 모두에게 가능하지 않습니다. 왜 그럴까요? 아래 규정을 살펴보겠습니다.

> **· 대한민국 헌법 제31조**
> ② 모든 국민은 그 보호하는 자녀에게 적어도 초등교육과 법률이 정하는 교육을 받게 할 의무를 진다.
>
> **· 교육기본법 제8조(의무교육)**
> ① 의무교육은 6년의 초등교육과 3년의 중등교육으로 한다.
> ② 모든 국민은 제1항에 따른 의무교육을 받을 권리를 가진다.

많은 분들이 잘 아시는 바와 같이 우리나라는 초등학교와 중학교가 의무교육이므로 퇴학을 시킬 수가 없습니다. 결국 퇴학시킬 수 있는 경우는 고등학생부터입니다. 유명한 정치인의 초등학생 자녀가 심각한 학교폭력을 했음에도, 강제전학 조치만을 받았다면, 정치인이라서 봐준 것이 아니라, 심의위원회가 할 수 있는 최대한의 조치를 했다고 보시면 되겠습니다.

앞서 말씀드린 출석정지부터 학급교체까지의 조치는 졸업 전 심의를 통해 생활기록부 기재를 삭제할 수도 있는데, 전학부터는 이러한 삭제 가능성이 없습니다. 따라서 전학은 무조건 졸업 후 4년간 생활기록부에 기재됩니다.

그럼 어떤 경우에 전학 조치가 내려질까요? 최근 사례를 보면 장기간 심각한 폭력행위를 행사하거나 성 관련 문제 등 누가 보아도 이론의 여지 없이 심각한 사안에 대해서만 전학 조치를 내리고 있습니다. 예를 들어 바지를 벗기고 영상을 찍어 카카오톡 단체방에 올리는 행위, 뺨을 때리고 영상을 찍고 카카오톡에 올리는 행위 등 성폭력, 폭행, 명예훼손, 모욕 등이 종합되어 있는 심각한 경우에는 전학 조치가 내려지고 있습니다.

보통 전학 이상의 조치까지 나올 사안이라면, 형사처벌도 같이 이루어질 가능성이 매우 높습니다. 따라서 이 정도에 이르는 사안이라면 가해 학생 보호자께서는 학교폭력 외에 형사 대응까지도 종합적으로 고려하실 필요가 있습니다.

● 최고 수준의 조치: 퇴학

퇴학은 최고 수준의 조치인 만큼 법원에서도 매우 신중하게 판단하고 있습니다.

학생의 신분관계를 소멸시키는 퇴학처분은 징계의 종류 중 가장 가혹한 처분으로서 학생의 학습권 및 직업선택의 가능성을 제한할 수 있는 중대한 처분이므로, 아직 배움의 단계에 있고 인격적으로 성숙해 가는 과정에 있는 학생이라는 점을 고려하여 적어도 학생신분을 유지하게 하는 것이 교육상의 필요 및 학내질서의 유지라는 징계 목적에 비추어 현저히 부당하거나 불합리하다고 인정될 수 있을 정도로 중한 징계사유가 있고 개전의 가능성이 없어 다른 징계수단으로는 징계의 목적을 달성할 수 없는 경우에 한하여 예외적으로 이루어져야 한다(부산지방법원 2018. 9. 13. 선고 2018구합22129 판결).

퇴학은 한마디로 그 학생에 대한 교육 자체를 포기하는 것입니다. 그러므로 심각한 정도를 넘어, 도저히 개선될 여지가 없을 때 비로소 퇴학 처분을 하는 것이고, 최후의 수단으로만 인정된다고 볼 수 있습니다. 심의위원회 단계에서는 퇴학 조치를 거의 보지 못했는데, 간혹 교내 선도위원회(학교폭력이 아닌 교칙 위반에 대한 징계를 판단하는 위원회)에서 과감하게 퇴학 처분을 내리는 경우를 보았습니다. 구체적인 사정에 따라 달라지겠지만, 불복한다면 사실 법원에서 퇴학 처분이 그대로 인정되기는 매우 어렵지 않을까 생각합니다. 퇴학의 경우, 다른 조치들과 달리 영구적으로 생활기록부에 기재되기 때문에 당연히 퇴학 조치는 절대 나오지 않도록 주의를 기울일 필요가 있습니다.

차. 심의위원회의
피해학생에 대한 조치

심의위원회가 가해학생에 대한 조치만이 내릴 수 있는 것이 아닙니다. 학교폭력예방법의 주요 목적 중 하나가 피해학생을 보호하는 것이므로 학교폭력예방법은 피해학생에 대한 조치도 상세하게 규정하고 있습니다.

● 사전에 자녀와 상의하자

학교폭력예방법 제16조 제1항에는 아래와 같이 규정하고 있습니다.

학교폭력예방법 제16조(피해학생의 보호) ① 심의위원회는 피해학생의 보호를 위하여 필요하다고 인정하는 때에는 피해학생에 대하여 다음 각 호의 어느 하나에 해당하는 조치(수 개의 조치를 동시에 부과하는 경우를 포함한다)를 할 것을 교육장(교육장이 없는 경우 제12조 제1항에 따라 조례로 정한 기관의 장으로 한다. 이하 같다)에게 요청할 수 있다. 다만, 학교의 장은 학교폭력사건을 인지한 경우 피해학생의 반대의사 등 대통령령으로 정하는 특별한 사정이 없으면 지체 없이 가해자(교사를 포함한다)와 피해학생을 분리하여야 하며, 피해학생이 긴급보호를 요청하는 경우에는 제1호부터 제3호까지 및 제6호의 조치를 할 수 있다. 이 경우 학교의 장은 심의위원회에 즉시 보고하여야 한다.

1. 학내외 전문가에 의한 심리상담 및 조언
2. 일시보호
3. 치료 및 치료를 위한 요양
4. 학급교체
5. 삭제 〈2012. 3. 21.〉
6. 그 밖에 피해학생의 보호를 위하여 필요한 조치

이 부분과 관련해서 피해학생의 보호자께서 말씀드리고 싶은 사항은, 사전에 이 내용에 대해 자녀와 충분히 상의해야 한다는 점입니다. 심의위원회는 심의 당일에 피해학생과 피해학생 보호자에게 어떠한 보호조치가 필요한지에 대해 물어보고 있습니다. 이때 정확히 본인의 의사를 피력할 필요가 있습니다. 예를 들어 피해학생이 심의 당일에는 "가해학생의 학급교체가 어렵다면, 저라도 학급을 바꾸고 싶다"는 의사를 밝혔는데, 피해학생의 보호자가 "학급교체는 안 된다"는 상반된 의견을 낸다고 가정해 보겠습니다. 이런 상황에서 심의위원회 위원들은 피해학생에 대해 학급교체를 하지 않을 가능성이 높고, 이후 뒤늦게 학급교체를 하기 위해서는 피해학생 보호자가 행정심판 등을 제기할 수밖에 없습니다. 그러니 사전에 구체적인 보호조치에 대해 자녀와 충분히 이야기하실 필요가 있습니다.

● 전학도 가능할까?

과거에는 피해학생에 대한 보호 조치 중 학급교체 외에 "전학권고"라는 조치도 있었습니다. 말 그대로 피해학생에게 전학을 가도록 권유하는 제도였습니다. 그런데 전학권고 규정에 대한 논란이 많았습니다. 피해학생이 잘못한 것도 아닌데, 왜 전학이라는 피해를 받아야 하는지에 대한 의견들이 많았습니다. 특히 전학권고 규정으로 피해학생을 보호하기 보다, 학교에서 학교폭력 사건을 은폐하거나 축소하기 위해서 피해학생에게 전학을 사실상 강요하고, 사안을 마무리하는 수단으로 악용되는 문제점도 있었습니다. 그래서 해당 규정은 결국 2012년 학교폭력예방법이 개정되면서 삭제되었습니다.

다만 제 개인적인 견해로는 2012년에는 학교 내 학교폭력대책자치위원회에서 학교폭력을 심의하였으므로, 학교가 사건을 은폐 및 축소하기 위한 수단으로 "전학권고" 규정을 악용할 수 있었지만, 이제는 교육지원청에서 별도로 심의위원회를 통해 심의를 하는 만큼 피해학생 및 피해학생 보호자가 강력히 원한다면 전학권고 조치를 하여도 무방하지 않을까라는 생각이 들고 있습니다. 어쨌든 현행 학교폭력예방법에서는 전학권고 규정이 삭제되었습니다. 그렇다면 피해학생은 그 어떤 상황에서도 전학을 할 수 없는 것일까요? 이에 대한 방법은 없을까요? 이 부분에 대해 다음 항에서 다루어 보겠습니다.

카. 피해학생 전학
불가능할까?

결론부터 말씀드리면, 전학이 불가능한 것은 아닙니다. 일명 "환경전학"이라고 불리는 전학 방법이 있습니다. 「초·중등교육법 시행령」제21조 제6항, 제73조 제6항, 제89조 제5항에 따라 "교육상 교육환경을 바꾸어 줄 필요가 있는 경우" 전학을 할 수 있습니다.

그런데 환경전학이 쉬울까요? 또 환경전학 요청을 하면 무조건 받아 줄까요? 그렇지 않습니다. 법 규정은 "해야 한다"가 아니라 "~할 수 있다"라고 규정되어 있습니다. 이를 법률적인 용어로 "재량행위"라고 합니다. 즉 어디까지나 교육장(교육감)이 재량으로 결정할 수 있는 사항이므로, 이러한 재량에 일탈·남용이 없는 이상 환경전학을 허락할지 말지에 대한 교육장(교육감) 결정은 존중됩니다. 보통 환경전학을 요청하면 교육청에서 면밀하게 검토한 후 결정하는데, 제가 알기로는 그렇게 쉽게 되는 것은 아닙니다.

문득 이런 생각이 들 수 있습니다. '학교생활 잘 적응 못 한다고 하는데, 그냥 쉽게 전학해 주면 안 되나?", 물론 표면적으로 보면 그렇습니다. 그런데 이렇게 환경전학이 어려워진 데는 이유가 있습니다. 해당 제도가

애들 싸움이 어른 싸움 되는 학교폭력

악용되는 사례가 과거부터 많았기 때문입니다. 인터넷에서 "환경전학"이라는 키워드로 과거 신문기사를 찾아보면, 소위 있는 집 가정에서 이 환경전학을 악용하여, 원하는 학교에 배정되지 않았을 때 원하는 학교로 옮기는 방법으로 악용된 경우가 많았습니다. 그렇기에 환경전학 요청이 있다고 하더라도 무조건 허용되는 것이 아니라, 필요성 등을 잘 확인하여 결정하고 있습니다.

이처럼 좋은 규정을 악용하는 사람이 나타나 정작 필요한 사람이 잘 활용하지 못하는 경우가 종종 보이곤 합니다. 앞서 말씀드렸던 것처럼 저는 학교폭력의 심각성이 커지고 있고, 학교가 아닌 교육지원청에서 살펴보고 있는 만큼 피해학생이 원한다면 좀 더 쉽게 다른 학교로 전학할 수 있게 해 주는 방안이 필요하다고 생각합니다. 여러분들은 어떻게 생각하시나요? 많은 논의를 통해 법이 개정되었으면 좋겠습니다.

8장

생활기록부 기재

가. 생활기록부에 어떻게 기재될까?

    교육부에서는 "학교생활기록부 기재요령"을 매년 발간하여 안내하고 있는데, 해마다 내용이 조금씩 바뀌고 있습니다. 그렇기 때문에 제가 여기서 말씀드리는 내용이 시점에 따라서는 조금 다를 수 있다는 점을 참고해 주시면 좋겠습니다. 사실 학생 입장에서 생활기록부 어디에 적히는지 등 절차적인 부분까지 알 필요는 없으나, 학교폭력에 대한 다툼이 심해지고 소송전으로 번지는 이유가 다름 아닌 생활기록부 기재에 있으므로, 이 부분에 대해 자세히 적어 볼까 합니다.

    학교폭력의 조치 내용에 따라 생활기록부에 기재되는 영역이 조금씩 다릅니다. 생활기록부는 크게 ① 인적·학적사항, ② 출결사항, ③ 행동특성 및 종합의견 란이 있습니다. 학교폭력예방법 제17조 제1항의 조치 중 제1호~제3호 조치인 서면사과, 접촉금지 등, 교내봉사와 제7호 조치인 학급교체의 경우 "행동특성 및 종합의견란"에 기재가 됩니다. 그리고 제4호~제6호 조치인 사회봉사, 특별교육이수, 출석정지는 "출결사항"에 특기사항으로 기재가 됩니다. 마지막으로 전학 및 퇴학처분의 경우 "인적·학적사항"의 특기사항으로 기재가 됩니다.

앞서 잠깐 다루어 보았지만, 조치에 따라 기재되는 기간도 다릅니다. 제1호~제3호 조치까지는 조치 사항을 이행하고, 동일학교급 내에서 학교폭력으로 조치를 받지 않는 이상 생활기록부에 기재되지 않습니다. 다만 "조건부 기재유보 대장"에 기재되고는 있습니다.

두 번째로 제4호와 제5호 조치는 생활기록부에 졸업 후 2년까지 기재될 수 있으며, 제6호, 제7호 조치는 졸업 후 4년까지 기재될 수 있고, 제8호 조치는 졸업 후 4년까지 기재되며 마지막으로 제9호 조치인 퇴학은 영구 기재됩니다. 정리하면 아래 표와 같습니다.

조치 사항	삭제시기
제1호 서면사과	· 졸업과 동시에 삭제
제2호 접촉, 협박 및 보복행위의 금지	
제3호 교내봉사	
제4호 사회봉사	· 졸업일로부터 2년이 지난 후에 삭제
제5호 학내외 전문가에 의한 특별교육이수 또는 심리치료	· 졸업 직전 학교폭력 전담기구 심의를 거쳐 졸업과 동시에 삭제할 수 있음
제6호 출석정지	· 졸업일로부터 4년이 지난 후에 삭제
제7호 학급교체	· 졸업 직전 학교폭력 전담기구 심의를 거쳐 졸업과 동시에 삭제할 수 있음
제8호 전학	· 졸업일로부터 4년이 지난 후에 삭제
제9호 퇴학처분	· 영구보존(삭제대상 아님)

나. 대학
갈 수 있을까?

　2023년 4월 12일 정부는 "학교폭력 근절 종합대책"을 발표했습니다. 주목할 내용은 2026학년도 대입부터 학교폭력 조치사실을 필수적으로 평가에 반영하도록 하겠다는 점입니다.

　정부의 이런 발표에 맞추어 여러 대학들은 2026학년도 대입전형 시행계획을 발표하였는데, 학교들마다 학교폭력 조치사항을 어떻게 반영할지는 차이가 있는 것으로 보입니다. 예를 들어 서울대는 모든 전형에서 "학교폭력 관련 기재사항이 있는 경우 정성 평가해 서류평가에 반영한다"고 하였고, 성균관대는 1호 조치의 경우 총점 10% 감점, 2호 조치부터는 총점을 0점 처리하겠다고 하였습니다. 그런데 대학입시를 겪어 보신 분들은 아시겠지만, 대학 입시는 사실상 1~2점이 당락을 결정하므로, "정성평가하여 서류평가에 반영한다"거나 "10% 감점"한다는 것은 사실상 탈락을 의미합니다. 그러니 사소한 학교폭력 조치라도 받았을 경우 그해 대학입시는 사실상 포기해야 하는 상황이 발생합니다.

　이와 같이 생각 이상으로 대학들이 학교폭력 조치 사실을 강력하게 반영하고 있어, 앞으로 학교폭력과 관련된 소송이 크게 늘 것이라고 생각됩니다.

● 장래에 영향을 미치지 않는 「소년법」

여담이지만, 잠깐 「소년법」에 대해 이야기를 해 볼까 합니다. 만 10세 이상에서 만 19세 미만의 소년이 범죄를 저지른 경우, 소년보호사건(만 14세 이상인 경우 일반 형사사건으로 진행될 수 있음)으로 진행될 수 있습니다. 「소년법」에는 특유의 규정들이 있는데, 대표적으로 「소년법」 제32조 제6항에서는 "소년의 보호처분은 그 소년의 장래 신상에 어떠한 영향도 미치지 아니한다"고 규정하고 있습니다. 그러니 「소년법」에 따라 소년원에 송치되는 보호처분이 결정되더라도, 소년원에 갔다는 사실은 기록이 남지 않습니다. 간혹 블로그 등에 소년법상 제4호 처분(보호관찰관의 단기 보호관찰처분)부터 기록에 남는다는 글들이 보이는데, 이는 학교폭력예방법과 혼동한 것으로 보이며, 잘못된 설명입니다.

「소년법」에서 이렇게 규정한 것에 대해 논란도 있지만, 그 바탕에는 "과연 아이들의 잘못이라고만 할 수 있는가"라는 의문이 깔려 있기 때문입니다. 아이들이 잘못된 행위를 했더라도, 이는 아이를 잘못 가르친 부모 또는 사회 시스템의 잘못일 수도 있는바, 그 모든 책임을 아이에게 지우게 하는 것이 옳지 않다는 취지입니다.

이렇게 「소년법」에서는 처분 사실이 기록에 남지 않도록 하고, 소년의 장래에 영향이 없도록 하고 있는데, 오히려 학교폭력예방법에서는 조치 사실이 기록으로 남고, 이를 대학입시에 무조건적으로 반영하는 것이 과연 옳은지 의문이 드는 것은 사실입니다. 노파심에 다시 한번 말씀드리면, 학교폭력을 옹호한다거나 감싸 주어야 한다는 것이 결코 아닙니다. 반드시 기억해 주실 부분은 학교폭력의 형태가 너무 다양하다는 것입니다. 저 역시 사회적으로 물의를 일으킨 심각한 사건들은 학생이라 하더라도 철저하게 처벌하여야 하고, 제대로 관리하지 못한 학교에도 그 책임을 명명백백히 물어야 한다고 생각하고, 국가기관이 나서서 먼저 손해를 배상하고 가해학생 측에게 구상하는 등 피해학생을 철저히 보호해야 한다고 생각합니다. 그러나 생각보다 그런 사건들은 많지 않습니다. 오히려 대부분의 학교폭력 사건들은 "그 나이 때 흔히 발생할 수 있는 친구 사이의 갈등" 정도입니다. 미성년자인 어린 아이들이 약간 다툴 수 있고, 싸울 수도 있으며, 멀어질 수도 있고 그 과정에서 친구와 화해하고, 친구 사이를 관리하는 것도 배워야 하는 것이라고 생각합니다. 그런데 지금은 조금만 문제가 생겨도 학교폭력으로 신고되고, 보호자들 사이의 감정싸움으로 번지고, 각종 소송으로 나아가고 있습니다. 이는 학생들이 스스로 배우고 성장할 기회조차 뺏는 것이 아닐까 하는 생각도 듭니다. 이러한 점에서도 사안의 경중을 고려하지 않고, 모든 학교폭력 가해행위에 대해 엄격한 잣대를 내미는 것은 부당해 보이기도 합니다. 물론 이 부분에 대해 반대하는 분들도 계신 만큼 저 역시 치열하게 계속 고민해 보겠습니다.

● 제1호, 제2호, 제3호 조치의 대학 입시 반영 방법

대학별 2026년 대입전형 시행계획을 살펴보면, 대부분 "학교폭력에 관한 조치"가 있을 경우 입시에 반영한다고 설명하고 있습니다. 그런데 앞서 설명드린 것처럼 제1호~제3호 조치는 조치를 이행하고 동일 학교급에서 다시 학교폭력으로 조치를 받지 않게 되면, 생활기록부에 기재되지 않습니다. 그렇다면 조치가 있기는 했으니 입시에 반영되어야 하는 것인지, 아니면 생활기록부에 기재되어 있지 않으니 반영되지 않는 것인지 의문이 생깁니다.

이에 제가 직접 교육부에 질의를 하였고, 교육부에서는 아래와 같이 답변하였습니다.

처리결과(답변내용)	
답변일	2024-06-05 09:12:55
처리결과 (답변내용)	안녕하세요 교육부 인재선발제도과입니다. 먼저 우리 부 업무에 관심을 가져주셔서 감사합니다. 귀하께서는 고등학교 학교폭력 조치사항(1~3호)의 대입 반영 관련해서 질의해 주신 것으로 이해됩니다. 먼저, 「고등교육법 시행령」 제35조제1항에서는 '대학의 장은 법 제34조제1항에 따라 입학자를 선발하기 위하여 고등학교 학교생활기록부의 기록, 법 제34조제3항에 따라 교육부장관이 시행하는 시험(이하 "대학수학능력시험"이라 한다)의 성적, 대학별고사(논술 등 필답고사, 면접·구술고사, 신체검사, 실기·실험고사 및 교직적성·인성검사를 말한다)의 성적 등 교과성적 외의 자료(자기소개서는 제외한다) 등을 입학전형자료로 활용할 수 있다.'라고 정하고 있습니다. 이에 따라, 각 대학에서는 학교생활기록부에 기재된 사항만을 대입전형자료로 활용할 수 있음을 안내드립니다.

위 질의회신에서 알 수 있는 것처럼 결국 생활기록부를 기준으로 반영이 이루어지고, 이는 제1호~제3호 조치도 마찬가지 입니다. 그러니 대학입시에 영향을 받지 않기 위해서는 제1호~제3호 조치를 받았을 경우 반드시 이행하고, 동일 학교급에서 다시 학교폭력을 하지 않도록 철저히 주의할 필요가 있겠습니다.

다. 졸업과 동시에 생활기록부에서 학교폭력 기록을 삭제하기 위해서는?

앞서 제4호, 제5호 조치의 경우 "2년간 기재될 수 있다", 제6호, 제7호 조치의 경우 "4년간 기재될 수 있다"라고 규정되어 있어, 제4호~제7호 조치는 졸업 전 심의를 통해 삭제가 가능하다고 설명드렸습니다.

이러한 규정의 취지는 가해학생이 반성을 하고 개선이 되었다면, 학교폭력 가해자라는 낙인을 찍기보다 기회를 주자는데에 있습니다. 다만 과거에는 심의를 통한 삭제가 상대적으로 쉬웠으나 이제는 어려워졌습니다. 그리고 앞으로 더더욱 쉽지 않아질 것이라고 예상됩니다. 모 유명 정치인의 자녀가 심각한 학교폭력을 했음에도, 이런 심의를 통해 학교폭력 조치 사실의 기재가 삭제되었고, 결국 좋은 대학에 진학했다는 소식이 신문기사를 통해 알려졌습니다. 많은 국민들이 이에 분노했고, 정부는 여러 후속 대책을 내놓았습니다. 그 결과 최근 교육부가 발간한 「학교폭력 사안처리 가이드북」에 "가해학생 조치사항 삭제 심의 절차 내실화(강화)"라는 내용이 등장하게 되었습니다. 이런 상황이니 심의를 통한 생활기록부 삭제는 앞으로 점점 더 어려워질 것으로 보입니다.

● 삭제하기 위해 필요한 요건

제4호~제7호 조치를 삭제하기 위해서는 우선 2가지 요건이 충족되어 야 합니다. 「학교폭력 사안처리 가이드북」에 따르면, ① 가해학생이 다른 사안으로 조치를 받은 사실이 없을 것, ② 학교폭력 조치 결정일로부터 졸업학년도 2월 말일까지 6개월이 경과된 경우라는 요건이 필요합니다.

그리고 「학교폭력 사안처리 가이드북」의 "가해학생 조치사항 삭제 심의 절차 내실화(강화)" 부분을 참조하면, 아래와 같은 서류가 필요하다고 설명합니다.

자료명	제출
① (현)학급 담임교사 의견서 ※ 가해학생 반성 정도와 피해학생과의 관계회복 노력 등의 내용을 포함	필수
② 가해학생 선도 조치 이행 확인서 ※ 조치 이행 여부를 확인할 수 있는 증빙자료(공문, 이수 확인서 등) 첨부	
③ 학교폭력예방법 제17조 제3항에 따른 부가 특별교육 또는 심리치료 이수 확인서(학생)	
④ 학교폭력예방법 제17조 제9항에 따른 부가 특별교육 이수 확인서(보호자)	
⑤ 가해학생 자기 의견서	
⑥ 심의위원회 조치에 대한 행정심판 및 소송 진행 여부	참고
⑦ 가해학생 조치에 대한 삭제 동의 확인서	

이 중 주목해야 할 부분이 "가해학생 조치에 대한 삭제 동의 확인서"가 아닐까 생각됩니다. 필수 제출 자료는 아니므로 피해학생의 삭제 동의가 없다고 하더라도 삭제 자체가 불가능하지는 않겠지만, 삭제 심의를 철저

하게 해야 한다는 사회 분위기를 고려할 때 피해학생의 동의가 있느냐, 없느냐는 결과에 큰 차이를 가져올 것이라고 생각합니다.

이런 점에서도 조치 여부와 관계없이 끝까지 피해학생에 대한 피해회복을 위해 노력하고, 반성하는 자세가 중요합니다. 충분한 반성과 사과의 노력이 있었다면, 추후에라도 피해학생이 삭제에 동의를 할 가능성이 높고 설령 동의를 하지 않는다고 하더라도 이러한 과정이 반영되어 삭제를 할 수 있는 가능성이 높아지지 않을까 생각합니다.

애들 싸움이 어른 싸움 되는 학교폭력

9장

심의위원회
조치에 대한 불복

가. 심의위원회 처분을
   인정할 수 없다면?

심의위원회 처분이 꼭 올바르게 나온다는 보장은 없습니다. 가해학생 입장에서는 학교폭력 행위가 없었거나, 충분한 증거가 없었음에도 학교폭력이 인정되는 억울한 경우가 있을 수 있고, 잘못은 하였으나 그 잘못에 비해 너무나도 높은 조치가 나올 수도 있습니다.

반대로 피해학생 입장에서는 자신에 대한 보호조치가 미흡할 수 있고, 가해학생이 분명하게 잘못하였는데도 증거가 불충분하다는 이유로 그 행위가 인정되지 않거나 자신이 받은 피해 수준에 비해 너무 낮은 조치가 나올 수도 있습니다.

이런 경우 심의위원회 처분에 대해 불복하고 싶을 것입니다. 심의위원회는 행정청*이기 때문에 이에 대한 불복은 행정심판 또는 행정소송을 통해 가능합니다. 참고로 심의위원회 처분에 대해서는 행정심판전치주의가 적용되지 않습니다. 쉽게 설명 드리면, 심의위원회 처분에 대해 불복할 때 반드시 행정심판을 거칠 필요가 없습니다. 그렇기 때문에 당사자

---

* 행정에 관한 의사를 결정하여 표시하는 국가 또는 지방자치단체의 기관, 그 밖에 법령 또는 자치법규에 따라 행정권한을 가지고 있거나 위탁을 받은 공공단체나 그 기관 또는 사인

께서는 심의위원회 처분에 불복하실 때에는 행정심판을 제기하셔서도 좋고, 행정심판을 하지 않고 바로 행정소송을 하셔도 무방합니다.

행정심판을 해야 하는지, 아니면 곧바로 행정소송을 하는 것이 좋은지에 대한 견해는 천차만별입니다. 간혹 행정심판의 장점만을 말하며 무조건 행정심판을 해야한다는 글이 보이기도 하고, 행정심판이 필요없다는 글도 보입니다. 정답은 없으나, 다음 항부터 행정심판과 행정소송의 장단점을 비교해 보고, 제가 생각했을 때 어떤 상황에서 어떤 절차를 거치는 것이 좋은지 등에 대해 정리해 보겠습니다.

특히 가해학생과 보호자께서는 심의위원회의 결과에 대해 수긍하지는 못하지만, 혹시 행정심판 및 행정소송을 잘못 진행하였다가 "더 불이익한" 처분이 내려지면 어쩌나 하는 불안감이 있을 수 있습니다.

그러나 이 부분에 대해서는 크게 걱정하실 필요가 없습니다. 행정심판의 경우 「행정심판법」 제47조 제2항에서 "심판청구의 대상이 되는 처분보다 청구인에게 불리한 재결을 하지 못한다"고 명시하고 있고, 행정소송의 경우에도 「행정소송법」 제8조 제2항 및 「민사소송법」에 따라 법원은 불복의 한도 안에서만 변경할 수 있는바, 더 불이익한 처분이 내려질 수는 없습니다. 일명 "불이익 변경 금지의 원칙"이라고 합니다. 다만, 이는 가해학생만 불복하였을 경우의 이야기입니다. 만약 피해학생 측도 처분이 너무 약하다고 하여 가해학생과 마찬가지로 불복하였다면, 당연히 가해학생에게 더 불이익한 처분이 나올 수 있습니다.

나. 행정심판 VS 행정소송

행정심판과 행정소송은 유사한 점이 많습니다. 다만 몇 가지 차이점이 있는데, 이에 대해 간략히 정리해 보겠습니다.

● 차이점 1: 법원 vs 행정심판위원회

첫 번째 차이점은 '담당하는 기관이 어디인가?'입니다. 소송은 사법기관인 법원에서 담당하고, 심판은 합의제 행정관청인 행정심판위원회에서 담당합니다. 학교폭력의 사안의 경우 관할교육청 행정심판위원회에서 담당하게 됩니다.

행정심판위원회가 행정기관이라는 이유로 간혹 의뢰인들께서는 "그 나물에 그 밥이다"라며 결국 심의위원회와 동일한 곳이라 생각하시는 경우도 있습니다. 그러나 심의위원회와 행정심판위원회 위원들의 구성이 엄연히 다르고, 행정심판위원회 위원들 모두 전문성을 갖추고 있기 때문에 그렇게 볼 것은 아니라고 생각합니다.

애들 싸움이 어른 싸움 되는 학교폭력

● 차이점 2: 비용, 소요기간

두 번째 차이점은 비용과 소요기간입니다. 행정소송의 경우, 인지대 등 각종 소송비용이 드는 반면, 행정심판은 그렇지 않고, 절차가 상대적으로 간편하며, 소요되는 기간도 더 짧습니다. 다만, 최근 개정된 학교폭력예방법 제17조의5에 따르면 학교폭력 관련 재판은 다른 재판에 우선하여 신속히 하여야 하며, 그 판결의 선고는 제1심에서는 소가 제기된 날부터 90일 이내에, 제2심 및 제3심에서는 전심의 판결의 선고가 있은 날부터 각각 60일 이내에 하여야 하는 것으로 개정된바, 과거에 비해 소송이 압도적으로 느리다고 볼 수는 없겠습니다.

● 차이점 3: 변경 vs 취소

가장 큰 차이점이 바로 여기에 있습니다. 행정심판은 변경재결을 통해 처분의 변경이 가능합니다. 예를 들어 학교폭력을 저지른 학생이 전학조치를 받았는데, 적정한 조치는 출석정지였다고 가정해 보겠습니다.

소송을 제기하였다면, 심의위원회의 전학처분이 과도하다고 판단할 경우, 법원에서는 심의위원회 전학처분 자체를 취소합니다. 그러면 다시 심의위원회가 개최되어야 하고, 심의위원회에서 가해학생에 맞는 조치를 다시 내립니다. 그런데 행정심판의 경우, 행정심판위원회에서 스스로 변경재결을 통해 전학 조치를 감경하여 바로 출석정지로 그 처분을 변경할 수 있습니다.

● 사실관계에 대한 다툼인지, 조치 수준에 대한 다툼인지

여러분들 생각에는 어떠한 불복 방법으로 가는 것이 좋아 보이나요? 행정심판을 하고 나서 다시 행정소송을 할 수도 있으니, 일단 행정심판부터 먼저 시작하는 것이 좋을까요?

정답은 없습니다. 그런데 개인적으로는 어떤 것을 다투느냐에 따라 선택하는 것이 좋다고 생각합니다. 만약 증거의 유무, 사실관계에 유무에 관해 집중적으로 다툴 계획이라면, 즉 심의위원회에서 증거로 볼 수 없는 것을 증거로 보아 학교폭력을 인정했거나 어떤 사실관계에 대해 다툼이 있는데 반대쪽 당사자에게만 유리하게 보았다는 등, 사실관계 그 자체를 다투고자 하는 것이라면, 행정심판을 거치기보다 바로 행정소송을 하는 편이 바람직해 보입니다. 개인적인 견해일 수도 있지만, 사실관계의 확정이나 증거능력에 대한 다툼은 법원에서 좀 더 전문적으로 판단받을 수 있지 않을까 생각합니다.

반면, 사실관계에 대한 다툼보다는 조치 내용이 너무 무겁다거나 조치가 너무 약하다는 등 조치 수준에 주로 불복하고자 하는 것이라면, 저는 행정소송보다 일단은 행정심판을 청구하는 것이 맞다고 봅니다. 아무래도 법원은 조치 수준 자체에 대해서는 가능한 행정기관의 판단을 존중하는 경향이 있기 때문입니다.

그러나 이것은 어디까지나 개인적인 견해이고, 또 사안에 따라서도 얼마든지 달라질 수 있습니다. 그러니 불복하기에 앞서 변호사와 충분한 상담을 거치고, 고민하신 후 결정하시는 것을 추천드립니다.

애들 싸움이 어른 싸움 되는 학교폭력

다. 심의위원회 처분 뒤집을 수 있을까?

　불복을 결심하였으니, 가능한 심의위원회의 판단이 잘못되었다는 결정을 받아야 하겠습니다만, 현실은 그렇게 녹녹하지는 않습니다. 2023년에 발표된 자료에 의하면, 심의위원회에 불복해 가해학생이 제기한 행정소송에서 가해학생이 승소한 경우는 17.5%에 불과합니다.

　심지어 이러한 수치도 정확하다고 보기는 어렵지 않을까 생각합니다. 왜냐하면 제도가 처음 도입되었을 때는 각종 "절차위반"에 관한 문제가 많았습니다. 그러나 지금은 관련 사례들이 많이 쌓이고, 교육지원청에서도 그에 맞는 노하우가 생기다 보니 최근에는 절차적 하자가 문제되는 경우가 적습니다. 이러한 점에서 개인적인 체감상 불복해서 성공할 확률은 10% 미만이라고 생각합니다.

　이런 점에서 저는 심의위원회에서 명백히 사실관계 자체를 잘못 판단한 경우이거나, 사회봉사 이상의 높은 조치가 나온 경우가 아니라면, 불복을 했을 때 바뀔 가능성은 높지 않다고 생각합니다. 물론 100%는 없습니다. 예컨데 서면사과 조치가 상황에서 법원은 학생들 사이의 일상적인 갈등에 불과하고 학교폭력 가해자를 함부로 양산해서는 안 된다고 보아

조치를 취소한 판결을 내린 경우도 종종 목격되고 있습니다.

보호자께서는 행정심판과 행정소송 등 심의위원회 처분에 대한 불복은 쉽지 않은 과정임을 인식하시고, 여러 사정을 고려한 후 불복 여부를 신중하게 결정하시기 바랍니다.

라. 불복하고자 한다면,
어떤 자료를 준비해야 할까?

　불복에 대해 문의가 오면, 저는 상담을 오시기 전부터 이것 하나는 미리 준비하시는 것이 좋다고 말씀드리고 있습니다. 바로 심의위원회의 회의록 확보입니다. 심의위원회가 어떤 근거로 판단했는지, 절차적 문제는 없는지 등을 확인할 수 있는 중요한 자료가 심의위원회 회의록입니다.

　「공공기록물 관리에 관한 법률」 제17조 제2항 및 같은 법 시행령 제18조에 따라 심의위원회 회의는 회의록이 작성되어야 합니다. 물론 영구기록물관리기관의 장이 지정하는 회의가 아니다보니 녹음기록이나 속기록 등이 작성되는 것은 아니고, 주요 내용이 적힌 회의록만이 있습니다. 여담이긴 하나, 당사자들이 자신이 한 이야기가 제대로 안 적혀져 있다고 회의록에 대한 민원을 자주 제기함에 따라, 최근 교육지원청에서는 사실상 거의 모든 발언을 자세히 기록하고 있어 회의록이 매우 상세한 편입니다. 이런 이유 때문이라도 회의록은 꼭 확보할 필요가 있습니다.

● 회의록은 어떻게 확보해야 할까?

그렇다면 회의록은 어떻게 확보해야 할까요? 바로 정보공개포털을 통해 어렵지 않게 확보할 수 있겠습니다. 먼저 정보공개포털(www.open. go.kr)에 들어가게 되면, "원문 정보", "정보 목록", "BEST 정보 모아보기", "청구 신청" 등 총 4개의 메뉴가 나오게 됩니다.

이 중 4번째 메뉴인 "청구 신청"을 클릭하시면, 아이디/비밀번호를 입력하라고 하며, 이를 입력하고 들어가면, "청구 신청"을 작성하는 메뉴가 나오게 됩니다.

"청구 신청" 작성 메뉴에 대해 하나씩 설명드리면, ① 먼저 "생활문제 해결정보 선택"에서는 "일반청구"를 선택하면 되고, ② 제목은 "학교폭력 대책심의위원회 회의록 요청", "학교폭력대책심의위원회 회의록 정보공개청구" 등으로 기재하시면 되겠습니다. ③ 청구내용은 간단하게 작성하시면 되는데, 예를 들어 "202X년 XX월 XX일에 개최된 학교폭력 회의록의 정보공개를 청구합니다. 사안번호: XX교육지원청-XX호" 정도로 어떤 사건인지 파악할 수 있을 정도의 내용을 적어 주시면 되겠습니다. ④ 그다음 항목은 참조문서인데, 보통 피해학생 또는 가해학생 본인이 신청하지 않고, 보호자께서 신청하시는 경우가 많을 테니 학생과 보호자 사이의 가족 여부를 확인할 수 있는 가족관계증명서를 첨부해 주시면 되고, 필수는 아니지만 조치결정통보서 등을 첨부하기도 합니다.

그리고 그다음에 청구기관이 있는데, 청구기관은 심의위원회 회의가 개최되었던 교육지원청을 검색하셔서 입력하면 되고, 공개방법은 "전자파일, 정보통신망(정보공개포털)"으로 하시는 것이 편리하며, 수수료 정보는 "해당없음"으로 하시고, 마지막 인적사항을 확인하신 후 본인인증을 완료하면 신청 절차가 끝납니다.

이러한 회의록 정보공개청구 과정은 유튜브 등 인터넷에 검색하시면 신청절차를 설명하는 동영상이 많이 있고, 거의 모든 동영상이 친절하고 자세하게 설명하고 있습니다. 어느 하나의 동영상을 참고하시면 어렵지 않게 신청하실 수 있습니다.

마. 회의록이
   부실하다면?

막상 회의록을 신청하였는데, 회신된 내용이 너무나도 부실한 경우가 있을 수 있습니다. 아래와 같이 두 가지 경우일 것 같습니다.

● 회의록이 너무 많이 삭제되어 부실한 경우?

학교폭력예방법에 따라 회의록의 일부 내용이 삭제되어 제공될 것입니다. 그런데 교육지원청에서 필요 이상으로 삭제하는 경우가 있습니다. 이 경우 정보공개 청구를 재차 요구할 필요가 있고, 어떤 부분을 어떤 삭제했는지도 알 필요가 있습니다.

간혹 교육지원청에서는 학교폭력예방법 제21조 제1항, 제2항을 근거로 삭제하는 경우가 있습니다. 그런데 학교폭력예방법 제21조 제1항, 제2항은 비밀누설에 관한 조항이고, 회의록에 관한 조항은 제3항인바, 비밀누설에서 말하는 비밀과 회의록에서 제외해야 할 범위가 일치할 필요가 없기 때문에, 학교폭력예방법 제21조 제1항과 제2항을 근거로 삭제하는 것은 맞지 않다고 판단됩니다. 즉 학교폭력예방법 제21조 제3항에 따라 개인정보에 관한 사항을 제외하고는 모두 공개되는 것이 맞다고 생각합니다.

따라서 교육지원청에서 학교폭력예방법 제21조 제1항, 제2항을 근거로 내세운다면, 잘못되었음을 지적하고, 제대로 공개할 것을 요구할 필요가 있습니다.

● 회의록이 삭제된 것은 아닌데, 기억하고 있는 내용이 없는 경우?

삭제된 것은 아닌데, 본인이 기억하는 내용이 없는 경우도 있습니다. 그런데 학생이나 보호자께서는 심의위원회 당시 분명히 들었거나 이야기했다고 생각하시겠지만, 사실은 그렇지 않은 경우가 있을 수 있습니다. 즉, 실제로 그런 발언이 없었기 때문에, 기재가 안 되었을 가능성이 높습니다.

또 앞서 설명드린 것처럼 내용 자체가 없다는 이유로 민원이 많다 보니, 최근에 거의 모든 교육지원청이 상세하게, 전문에 가깝게 기록하고 있습니다. 그런 점에서 내용 자체가 없다고 한다면, 기재가 누락되었다고 보기보다, 기억의 오류일 가능성도 충분히 있다는 점 참고하시면 좋을 것 같습니다.

바. 집행정지를
해야 하는 이유

본격적으로 행정심판 및 행정소송 과정에 대해 말씀드리겠습니다. 그런데 행정심판이든, 행정소송이든 불복을 결심했다면, 가장 중요하게, 우선적으로 진행할 일이 있습니다. 바로 "집행정지"입니다.

● 집행부정지의 원칙

집행정지는 왜 중요할까요? 심의위원회는 조치를 내린 후, 대부분 짧은 기간 안에 이행하라고 요구합니다. 여기서 행정법상 원칙에 대해 하나 알 필요가 있는데, 바로 "집행부정지(執行不停止)의 원칙"입니다. 집행부정지란, 행정소송이나 행정심판의 청구 그 자체만으로는 기왕의 처분에 대하여 아무런 효력도 인정하지 않는 것을 말합니다. 즉 행정심판이나 행정소송이 제기되었다는 사실만으로 이미 내려진 조치(처분)의 집행까지 멈추는 것은 아니므로, 조치(처분)는 여전히 이행할 의무가 있다는 것입니다.

그런데 행정심판이나 행정소송, 특히 행정소송의 경우 최근 학교폭력

애들 싸움이 어른 싸움 되는 학교폭력

예방법의 개정으로 신속히 처리된다고 하더라도 수개월이 소요되는 반면, 조치를 이행해야 하는 기간은 길어야 몇 주입니다. 그러니 심판이나 소송의 결론이 내려지기 전에 이미 출석정지, 학급교체 등의 집행이 이루어지고, 소송을 제기했다는 이유만으로 이를 막을 수는 없다는 문제가 발생합니다. 따라서 일단 소송을 하고 있으니 조치의 집행을 보류해달라고 요청할 필요가 있습니다. 이것이 집행정지의 신청이고 행정심판, 행정소송을 제기하는 것과 동시(또는 직후)에 진행해야 합니다.

혹시 행정심판이나 행정소송의 제기 없이 집행정지만 할 수도 있을까요? 그렇지는 않습니다. 집행정지는 본안소송이 계속 중일 것을 요건으로 하기 때문에 행정심판 또는 행정소송을 제기한 후(또는 동시에) 집행정지 신청을 해야 합니다.

집행정지를 신청한다고 하여 무조건 받아주는 것은 아닙니다. 집행정지 신청이 인용되기 위해서는 조치를 그대로 집행할 경우, ① 회복하기 어려운 손해 발생의 우려가 있다는 점, ② 긴급한 필요가 존재한다는 점을 충분히 주장, 입증해야 하고, ③ 집행을 정지하더라도 공공복리에 중대한 영향을 미칠 우려가 없다는 점도 입증되어야 합니다. 따라서 집행정지를 형식적으로 준비할 것이 아니라 철저하게 준비할 필요가 있겠습니다.

● 집행정지로부터 피해학생을 보호하기 위한 규정

집행정지는 가해학생 입장에서는 필요한 제도이나, 피해학생 입장에서는 고통스러운 제도일지도 모릅니다. 그렇기 때문에 학교폭력예방법에서는 가해학생이 권리를 행사할 수 있게 함과 동시에 피해학생을 보호하기 위한 규정을 두고 있는데, 학교폭력예방법 제17조의4입니다.

학교폭력예방법 제17조의4(집행정지) ① 행정심판위원회 및 법원이 제17조 제1항에 따른 조치에 대하여 「행정심판법」 제30조 또는 「행정소송법」 제23조에 따른 집행정지 결정을 하려는 경우에는 피해학생 또는 그 보호자의 의견을 청취하여야 한다. 다만, 피해학생 또는 그 보호자가 의견진술의 기회를 포기한다는 뜻을 명백히 표시한 경우 등에는 의견청취를 아니할 수 있다.

② 교육감 또는 교육장은 행정심판위원회 또는 법원으로부터 집행정지 신청 사실 및 그 결과를 통보받은 경우 피해학생 또는 그 보호자 및 피·가해학생의 소속 학교에 그 사실 및 결과를 통지하여야 한다.

③ 제17조 제1항에 따른 조치에 대한 집행정지 신청이 인용된 경우, 피해학생 및 그 보호자는 학교의 장에게 가해학생과의 분리를 요청할 수 있고, 학교의 장은 전담기구 심의를 거쳐 가해학생과 피해학생을 분리하여야 한다.

④ 제1항에 따른 의견청취의 절차, 방법, 예외 등에 필요한 사항은 「행정심판법」 제30조에 따른 집행정지의 경우에는 대통령령으로 정하고, 「행정소송법」 제23조에 따른 집행정지의 경우에는 대법원규칙으로 정한다.

이렇게 가해학생의 집행정지 신청이 있는 경우, 피해학생 및 보호자의 의견진술 기회를 부여하기도 하고, 피해학생이 가해학생과의 분리를 요청할 수 있는 절차도 존재합니다. 따라서 피해학생 측에서는 가해학생이 집행정지를 신청한다면, 이와 같은 규정을 적극적으로 활용할 필요가 있겠습니다.

사. 행정심판과
관련된 쟁점들

행정심판의 요건, 절차 등은 행정소송과 거의 동일합니다. 따라서 자세한 부분은 행정소송편에서 다루도록 하겠습니다. 다만 행정심판과 관련하여 기억해 두셔야 할 부분이 있어 몇 가지 설명을 드릴까 합니다.

● 심판청구기간이 중요하다

우선 가장 중요한 심판 청구기간입니다. 심판 청구기간을 놓치게 되면, 각하되므로 본안 판단조차 받지도 못하게 됩니다. 그러니 무엇보다 청구기간을 놓쳐서는 안 됩니다. 행정심판법 제27조 제1항에 따라 처분이 있음을 알게 된 날로부터 90일 이내, 그리고 처분이 있었던 날로부터 180일 이내 심판을 청구해야 합니다. 조금 더 간단히 정리하면, 교육지원청으로부터 심의위원회 조치결정서를 통보받은 날로부터 90일 이내입니다. 그런데 앞서 조치 이행기간이 짧다는 등 여러 사정이 있기 때문에 심의위원회를 진행하신 후, 마음속으로 어느 조치까지는 수용하겠다 하는 점을 미리 정하시고, 조치를 통보받았을 때 만약 그 조치 이상이 나왔다면 곧

바로 행정심판 청구를 진행하시는 편이 여러모로 좋습니다.

● 구술심리가 무조건 있는 것은 아니다

둘째로 "구술심리"입니다. 행정심판 제도에 특별히 관심을 가지지 않는 이상, 대다수의 분들은 행정심판 절차에 대해 잘 알지 못하실 것입니다. 그러다 보니 행정심판도 심의위원회 또는 행정소송 절차와 마찬가지로 당연히 현장에 참석하여 구술로 이야기하는 과정이 있을 것이라 생각하는 경우가 많은데, 그렇지 않습니다.

우선 행정심판법 제40조를 봐주시기 바랍니다.

행정심판법 제40조(심리의 방식)
① 행정심판의 심리는 구술심리나 서면심리로 한다. 다만, 당사자가 구술심리를 신청한 경우에는 서면심리만으로 결정할 수 있다고 인정되는 경우 외에는 구술심리를 하여야 한다.

② 위원회는 제1항 단서에 따라 구술심리 신청을 받으면 그 허가 여부를 결정하여 신청인에게 알려야 한다.

③ 제2항의 통지는 간이통지방법으로 할 수 있다.

이렇게 법에서는 구술심리, 서면심리를 모두 하는 것으로 규정되어 있습니다. 그러나 실무상 서면심리, 즉 서류로만 심사가 진행되는 것이 원칙이고, 당사자가 행정심판법 제40조 제1항과 같이 별도로 신청하거나,

애들 싸움이 어른 싸움 되는 학교폭력

행정심판위원회가 서면심리만으로 결정할 수 없다고 판단하면 그때 구술심리를 하게 됩니다.

그러다 보니, 구술심리를 하고 싶다면, 아래와 같은 행정심판법 시행규칙 별지 제39호 서식인 구술심리 신청서를 작성하여 구술심리를 신청하시는 것이 필요합니다. 이 부분을 간혹 놓치는 경우가 있는데, 주의할 필요가 있습니다.

■ 행정심판법 시행규칙 [별지 제39호서식] <개정 2012.9.20>

구술심리 신청서

접수번호		접수일		
사건명				
청구인	성명			
	주소			
피청구인				
신청 취지				
신청 이유				

「행정심판법」 제40조제1항 단서 및 같은 법 시행령 제27조에 따라 위와 같이 구술심리를 신청합니다

년   월   일

신청인   (서명 또는 인)

○○행정심판위원회 귀중

첨부서류	없음			수수료 없음

처리 절차

신청서 작성	→	접수	→	결정	→	통지
신청인		○○행정심판위원회		○○행정심판위원회		

210㎜×297㎜[백상지 80g/㎡]

그렇다면 반드시 구술심리를 신청해야 할까요? 이 부분에 대해 전문가마다 의견이 다를 수 있겠지만, 의뢰인들께 저는 구술심리를 꼭 신청하라는 의견을 드리고 있습니다.

아무래도 학교폭력 사건 당시의 상황이나 감정 등 글로 설명하기 힘든 많은 부분들을 말로써 행정심판위원회에 전달할 필요가 있기 때문에 구술심리는 큰 의미를 가진다고 생각합니다. 특히 학교폭력 불복절차의 인용률이 높지 않다는 점을 고려했을 때, 할 수 있는 모든 노력을 기울인다는 측면에서도 구술심리 신청이 필요하지 않을까 생각합니다.

● 구술심리신청 잘 받아들여질까?

그런데 구술심리신청을 하였다고 하여 무조건 받아들여지는 것은 아닙니다. 행정심판의 구조적인 문제일 수도 있는데, 많은 사건들을 짧은 시간에 처리해야 하다 보니, 모든 사건에서 구술심리를 할 여력이 없는 것이 사실입니다. 다만 최근 2021년 서울시교육청에서 구술심리를 확대하겠다는 의사를 표명하기도 하였고, 그런 이유 때문인지 최근에는 구술심리 신청이 없었는데도 심판부에서 먼저 구술심리에 참여하라고 통지하는 경우도 많습니다. 그렇기 때문에 결과가 어떻게 되든 일단은 구술심리 신청이유를 자세히 적어 신청해 보는 것이 어떨까 합니다.

이 외 다른 쟁점들은 후술하는 행정소송과 관련된 쟁점들 부분에서 확인해 보시면 좋을 것 같습니다.

애들 싸움이 어른 싸움 되는 학교폭력

아. 행정소송과 관련된 쟁점들

학교에서 행정법을 공부할 때는 행정소송의 요건으로 ① 처분, ② 원고적격, ③ 협의의 소의 이익, ④ 피고적격, ⑤ 제소기간 등이 있다고 배웁니다. 그러나 이 책은 비법률가에게 학교폭력을 가볍게 알려 드리기 위해 쓴 책이므로 모든 요건들에 대해 자세히 언급할 필요는 없을 것 같고, 꼭 필요한 부분만 몇 가지 설명드리고자 합니다.

● 협의의 소의 이익

협의의 소의 이익이란, 재판에 의해 분쟁을 해결할 권리보호의 필요성이 있는지를 살펴보는 것을 말합니다. 여기서 권리보호의 필요성은 "법률상 이익"에 한정됩니다. 예를 들어, 심의위원회의 조치가 "기분 나쁘다"는 이유만으로 행정소송을 제기할 수는 없습니다. 학교폭력사건은 아니지만 대법원은 아래와 같은 이유로 사회적인 명예 손상을 회복할 목적으로 심의위원회 처분에 대해 행정소송을 제기하는 것은 소의 이익이 없다고 판단하였습니다.

> 처분의 취소를 구하는 이유가 단순히 그 처분으로 입은 사회적인 명예의 손상을 회복하기 위한 것이라면 이는 사실상의 이익에 불과한 것으로 처분의 취소를 구할 법률상 이익에 해당된다고 볼 수 없다(대법원 1995. 12. 5. 선고 95누12347 판결 등 참조).

이러한 협의의 소의 이익이 학교폭력 사안에서 특히 중요한 이유는 학생은 "졸업"을 하기 때문입니다. 학교폭력예방법에 따른 조치는 학생 신분을 전제로 합니다. 따라서 졸업 등의 사유로 학생 신분을 상실하게 된다면 원칙적으로 심의위원회 처분의 취소를 구할 소의 이익은 인정되지 않습니다.

대법원도 "효력이 상실된 처분으로 인하여 어떠한 법률상 이익이 침해되고 있지 아니한 경우 그 처분은 과거의 법률관계에 불과하므로, 그 취소를 구하거나 무효 확인을 구하는 것은 법률상 이익이 없다"(대법원 2012. 3. 22. 선고 2011두6400 전원합의체 판결)고 밝히고 있습니다.

법원은 학교폭력이 문제된 사안도 아래와 같이 동일하게 보고 있습니다.

> 이 법원의 P중학교장에 대한 사실조회결과에 의하면, 원고가 2017. 3. 1. D중학교에서 전출하여 2017. 3. 2. P중학교에 전입한 후 2018. 1. 5. P중학교를 졸업한 사실을 인정할 수 있다. 따라서 원고가 D중학교의 학생임을 전제로 한 위 피해학생 및 신고·고발 학생에 대한 접촉, 협박 및 보복행위의 금지 처분의 효력은 소멸되었다. 결국 이 사건 처분은 집행이 완료되었거나 효력이 소멸하였으므로 원칙적으로 그 무효의 확인을 구할 법률상 이익은 없다(대전고등법원 (청주) 2018. 6. 27. 선고 2018누501 판결).

애들 싸움이 어른 싸움 되는 학교폭력

그럼 졸업을 하면 아무도 소송을 제기할 수 없는 것일까요? 아래 표를 다시 보겠습니다.

조치 사항	삭제시기
제1호 서면사과	·졸업과 동시에 삭제
제2호 접촉, 협박 및 보복행위의 금지	
제3호 교내봉사	
제4호 사회봉사	·졸업일로부터 2년이 지난 후에 삭제
제5호 학내외 전문가에 의한 특별교육 이수 또는 심리치료	·졸업 직전 학교폭력 전담기구 심의를 거쳐 졸업과 동시에 삭제할 수 있음
제6호 출석정지	·졸업일로부터 4년이 지난 후에 삭제
제7호 학급교체	·졸업 직전 학교폭력 전담기구 심의를 거쳐 졸업과 동시에 삭제할 수 있음
제8호 전학	·졸업일로부터 4년이 지난 후에 삭제
제9호 퇴학처분	·영구보존(삭제대상 아님)

위 표를 보시면 제4호 조치 이상부터는 졸업일로부터 2~4년간 생활기록부에 기재가 남습니다. 이는 상급학교 진학에 장애가 되고, 이러한 장애는 법률상 이익으로 볼 수 있습니다. 법원도 이런 경우에는 소의 이익이 있다고 보았습니다.

> 원고의 학생생활기록은 원고나 부모의 동의 없이 상급학교의 학생 선발을 위하여 필요한 경우 제공될 수 있으므로, 비록 이 사건 출석정지 조치가 집행되었다고 하더라도, 여전히 원고에게는 이 사건 출석정지 조치로 인한 불이익이 남아 있다(대전고등법원 2018. 8. 23. 선고 2018누11140 판결).

이처럼 행정소송을 제기하기 전 협의의 소의 이익이 있는지를 상세히 살펴보는 등 주의를 기울일 필요가 있습니다.

● 누구를 대상으로?

그렇다면 불복의 상대방은 누가 되어야 할까요? 심의위원회를 상대로 해야 할까요? 이런 행정소송은 행정처분을 한 행정청을 대상으로 해야 하는데, 학교폭력예방법 제17조 제1항을 보면 "심의위원회는 피해학생의 보호와 가해학생의 선도·교육을 위하여 가해학생에 대하여 다음 각 호의 어느 하나에 해당하는 조치(수 개의 조치를 동시에 부과하는 경우를 포함한다)를 할 것을 교육장에게 요청하여야 하며, 각 조치별 적용 기준은 대통령령으로 정한다. 다만, 퇴학처분은 의무교육과정에 있는 가해학생에 대하여는 적용하지 아니한다"고 규정하고 있습니다.

즉 심의위원회는 교육장에게 가해학생에 대한 조치를 요청하는 역할일 뿐이고, 실제로 가해학생에 대한 조치를 내리는 사람은 교육장입니다. 따라서 교육장을 피고로 하여 행정소송을 제기하시면 되겠습니다.

● 신속한 재판

소송은 일반적으로 시간이 오래 걸립니다. 이런 점을 악용하여 발생하는 일들이 있었습니다. 예를 들어 학교폭력으로 조치를 받고 대학 입시에 악영향이 있을 것이 우려되자, 행정소송을 제기하고 집행정지를 받아 일단 생활기록부에 기재되는 것을 막은 후 소송을 지연시켜 대학에 합격

하는 사례가 있다고 합니다.

이런 문제점 때문에 신속한 재판을 해야 한다는 여론이 있었고, 개정된 학교폭력예방법에서는 이를 개선하는 내용을 담았습니다.

학교폭력예방법 제17조의5(재판기간에 관한 규정)
교육장이 제17조 제1항에 따라 내린 조치에 대하여 이의가 있는 가해학생 또는 그 보호자가 「행정소송법」에 따른 행정소송을 제기한 경우 그 행정소송 사건의 재판은 다른 재판에 우선하여 신속히 하여야 하며, 그 판결의 선고는 제1심에서는 소가 제기된 날부터 90일 이내에, 제2심 및 제3심에서는 전심의 판결의 선고가 있은 날부터 각각 60일 이내에 하여야 한다.

개정된 규정에 맞게 신속히 자료를 준비하고 대응하는 등 신속한 재판에 대한 대비도 충분히 할 필요가 있어 보입니다.

자. 행정소송에서는
어떠한 내용으로 다투는가?

행정심판 및 행정소송을 제기하면, 어떠한 내용을 다투어야 할까요? 일반적인 행정심판 및 행정소송과 마찬가지로 심의위원회 조치에 대한 행정심판 및 행정소송도 크게 절차적 하자와 실체적 하자에 대해 다투어야 합니다.

● 절차적 하자

「행정절차법」제21조, 제22조, 제23조에서는 처분의 사전통지, 의견청취, 처분의 이유 제시 등을 규정하고 있습니다. 이러한 절차를 지키지 않은 경우 절차상 하자가 있다고 보는 것입니다.

학교폭력 사안의 경우, 대체로 절차적 하자가 문제되는 경우는 처분의 사전 통지 및 이유 제시를 위반한 경우인데, 보통 "학교폭력대책심의위원회 참석 안내서"와 관련이 있습니다. 아래의 참석안내서를 보면 ① 일시, ② 참석대상, ③ 장소, ④ 안건, ⑤ 사안개요 등이 기재되어 있는데, 이 중 사안개요에는 가해학생이 방어권을 충분히 행사할 수 있도록 기재되어 있어야 합니다. 즉 가해학생은 자신이 무슨 잘못으로 심의위원회에 참석하는지는 알고 있어야, 심의위원회에서 충분히 자신의 의견을 제시하고 방어할 수 있으니, 어떠한 이유로 심의위원회에 참석해야 하는지 자세히 설명될 필요가 있습니다. 따라서 이 부분이 부실하다면 절차상 하자의 문제가 발생할 수 있습니다.

사실 학교폭력대책심의위원회가 처음 생겼던 과거에는 이러한 문제가 많이 있었던 것으로 보입니다만, 최근에는 확연하게 줄어들었고, 교육지원청 중에는 사안의 개요를 별지로 제공할 정도로 자세히 설명해 주는 곳도 있어 절차상 하자가 있는 경우를 거의 보지 못했습니다. 그러나 최근 진행한 사건 중 다소 어이없게도 너무나도 부실하게 사안개요가 제공된 경우를 경험했습니다. 가해학생 측 부모도 학생이 뭘 잘못했는지 제대로 알 수 없다고 분노했고, 저도 만약 조치가 타당하지 않으면 무조건 행정소송을 제기하자고 할 정도의 수준이었습니다. 물론 다행히 해당 사건은 "조치없음"으로 결정되어 소송까지는 이어지지는 않아 법원의 판단을 받지는 않았습니다.

따라서 여전히 절차상 하자는 문제될 수 있고, 특히 사안개요가 제대로 작성되지 않아 방어의 어려움을 겪었다면, 충분히 절차상 하자에 대해 다퉈 볼 수 있다고 생각합니다.

학교폭력대책심의위원회 참석 안내

본 위원회는 「학교폭력예방 및 대책에 관한 법률」 제12조에 의거하여 학교폭력대책심의위원회를 아래와 같이 개최하고자 하오니 참석하여 주시기 바랍니다.

1. 일 시:

2. 장 소:

3. 안 건:

4. 사안의 개요

위 사안개요는 신고 내용을 기반으로 작성되었으며, 학교폭력대책심의위원회의 사실 인정 여부와는 차이가 있을 수 있습니다

20XX년 XX월 XX일

OO교육지원청 교육장　(직인)

* 참고 사항

1. 출석 관련 문의:

2. 학교폭력대책심의위원회 출석 시 유의사항

   - 출석 안내 통지서, 신분증(학생, 보호자 등), 기타 참고자료 지참
     지정된 대기 장소에 가서 신분 확인 후 대기(상황에 따라 대기 시간이 길어질 수 있음)

3. 심의 당일 출석이 어려운 관련 학생, 보호자는 서면진술(의견)서(별지 양식)을 작성하여 OO교육지원청 심의위원회 개최 전까지 제출

4. [선택사항] 학교폭력예방법 제13조 제4항에 따라 피해학생은 심의위원회에 전문가 의견 청취 요청 가능

5. 주차 공간이 협소하니 가능한 대중교통 이용 요망

● 실체적 하자

처분사유가 부존재함에도 처분이 있는 경우, 행정청의 행정처분에 재량권의 일탈·남용이 있는 경우 등을 실체적 하자라고 판단합니다.

처분사유가 부존재함에도 처분이 있는 경우라는 것은 학교폭력에 해당되는 행위가 없음에도 학교폭력으로 인정된 경우를 말합니다. 학교폭력 사건들을 다루다 보면, 애매한 사안들이 많습니다. 체육활동 시간에 서로 사이가 좋지 않은 학생들 사이에 몸싸움이 발생하고, 이로 인해 상해를 입었다면 피해학생은 학교폭력이라고 주장하는 반면, 가해학생은 단순 과실이라고 주장할 것입니다. 둘 사이의 감정이 좋지 않았기 때문에 피해학생은 진단서 등을 제출할 것이고, 앞서 설명드린 것처럼 2주 이상 치료를 요하는 진단서가 제출되면 무조건 심의위원회로 나아가기 때문에 이 문제는 점점 심각해질 수밖에 없습니다. 심의위원회는 이런 사안에 대해 결국 학교폭력 인지 아닌지를 결정해야 하는데, 심의위원회 결정에 동의할 수 없는 측에서 처분사유에 대한 다툼, 즉 실체적 하자가 있다고 주장하게 됩니다.

변호사들마다 생각이 조금씩 다르겠지만, 제 개인적인 견해로는 법원은 조치 수준에 대해서는 심의위원회의 판단을 존중해 주는 경향이므로, 심의위원회와 다른 판단을 이끌어내기 위해서는 결국 처분사유의 부존재 부분에서 승부를 보아야 할 것이라고 생각합니다. 물론 이 부분도 쉽게 뒤집기는 어려운 면이 많으므로 철저한 준비가 필요합니다.

두 번째로 재량권의 일탈·남용과 관련하여 실체적 하자를 주장해 볼수 있습니다. 심의위원회는 스스로 판단을 통해 가해학생에 대한 조치 수준 또는 피해학생에 대한 보호 수준을 자유롭게 정할 수 있습니다. 앞서 말씀드렸지만, 이러한 것을 "재량행위"라고 합니다. 그런데 이러한 재량행위는 일정한 제한이 있는데, 아무리 자유롭게 정할 수 있다고 하더라도 재량권의 일탈·남용으로 평가받을 정도로 함부로 결정해서는 안 된다는 것입니다.

따라서 다른 사안과 비교했을 때 서면사과 정도로 해도 충분할 사안임에도 심의위원회에서 전학 등 과도한 조치를 내렸다면, 이는 재량권의 일탈·남용으로 평가받게 됩니다. 그런데 법원은 큰 문제가 없다면 심의위원회가 내린 조치를 최대한 존중해 주고 있습니다.

다만 앞으로도 법원이 계속해서 이런 태도를 유지할지는 알 수 없습니다. 학교폭력예방법의 처벌 수준이 강화되고 있기 때문에 이와 관련된 소송 등도 활발하게 제기될 것으로 보이고, 법원에서도 향후 많은 고민이 있을 것으로 예상됩니다.

불복은 쉽지 않겠지만, 자녀들을 미래를 위해서 감당하기 어려운 조치가 있었다면 적극적으로 절차적 하자와 실체적 하자를 주장하여 불복할 필요성은 충분하다고 생각합니다.

10장

형사고소와 민사소송

가. 학교폭력예방법에 따른 조치로 끝난 것이 아니다

"끝날 때까지 끝난 것은 아니다"

야구에만 적용되는 문구가 아닙니다. 학교폭력도 학교폭력예방법으로만 끝나지 않을 수 있습니다. 학교폭력예방법에 따른 조치는 단지 시작에 불과할 수도 있습니다. 학교폭력은 형사법적으로 범죄행위이고, 민사법적으로 불법행위입니다. 따라서 그에 따른 책임을 부담해야 할 수 있습니다.

학교폭력예방법에 따른 조치 절차는 길어야 3~4개월이면 마무리가 되는데, 민사소송으로 넘어가게 된다면 1년이 넘게 시간이 소요될 수 있습니다. 제가 어릴 때 친구 부모님 등 여러 부모님께서는 "때려서 돈을 물려주더라도 맞고 오지는 마라"는 말씀을 많이 하셨습니다. 그런데 이제는 누군가가 저에게 '때리는 것과 맞는 것 중 어느 것이 낫느냐?'라고 물어본다면 저는 때리고, 맞는 일 모두 없어야 하겠지만, 둘 중 하나를 선택해야 한다면 맞는 것이 낫다고 말하겠습니다. 그 정도로 학교폭력 가해행위를 하게 되면 엄청난 어려움을 겪을 수 있습니다.

보호자께서는 이러한 점 때문이라도 자녀들이 학교폭력을 하지 않도록 교육, 또 교육하실 필요가 있습니다. 이하에서 학교폭력 신고 외에 형사법, 민사법적으로는 어떠한 절차가 가능한지에 대해 정리해 보고자 합니다.

나. 형사고소

첫 번째로 형사고소를 할 수 있습니다. 형사고소에 대해 정리하기 앞서 잠시 아래 표를 확인해 보시기 바랍니다.

범법소년	촉법소년	범죄소년
만 10세 미만	만 10세 ~ 14세 미만	만 14세 ~ 19세 미만
처벌불가	보호처분 O, 형사처벌 X	보호처분 O, 형사처벌 O

「형법」 제9조에서는 "14세 되지 아니한 자의 행위는 벌하지 아니한다"고 규정하고 있어, 만 14세 미만 아이는 형사처벌의 대상이 되지 않습니다. 다만 만 10세 이상부터는 「소년법」이 적용될 수 있습니다. 「소년법」에 의하면 아래와 같은 보호처분이 내려질 수 있는데, 흔히 "소년원 간다"라고 말하는 처벌의 근거가 바로 「소년법」입니다.

애들 싸움이 어른 싸움 되는 학교폭력

소년법 제32조(보호처분의 결정)

① 소년부 판사는 심리 결과 보호처분을 할 필요가 있다고 인정하면 결정으로써 다음 각 호의 어느 하나에 해당하는 처분을 하여야 한다.

　1. 보호자 또는 보호자를 대신하여 소년을 보호할 수 있는 자에게 감호 위탁

　2. 수강명령

　3. 사회봉사명령

　4. 보호관찰관의 단기(短期) 보호관찰

　5. 보호관찰관의 장기(長期) 보호관찰

　6. 「아동복지법」에 따른 아동복지시설이나 그 밖의 소년보호시설에 감호 위탁

　7. 병원, 요양소 또는 「보호소년 등의 처우에 관한 법률」에 따른 의료재활소년원에 위탁

　8. 1개월 이내의 소년원 송치

　9. 단기 소년원 송치

　10. 장기 소년원 송치

② (생략)

③ 제1항 제3호의 처분은 14세 이상의 소년에게만 할 수 있다.

④ 제1항 제2호 및 제10호의 처분은 12세 이상의 소년에게만 할 수 있다.

⑤ 제1항 각 호의 어느 하나에 해당하는 처분을 한 경우 소년부는 소년을 인도하면서 소년의 교정에 필요한 참고자료를 위탁받는 자나 처분을 집행하는 자에게 넘겨야 한다.

⑥ 소년의 보호처분은 그 소년의 장래 신상에 어떠한 영향도 미치지 아니한다.

　그런데 「소년법」 제32조 제6항에서 "소년의 보호처분은 그 소년의 장래 신상에 어떠한 영향도 미치지 아니한다"고 규정하고 있습니다. 따라

서 생활기록부에 남는 학교폭력과 달리, 「소년법」에 따른 보호처분을 받는다고 하더라도 장래에 영향을 미치지 않기 때문에 결과만 생각한다면 「소년법」에 따른 보호처분이 더 낫다고 보실 수도 있습니다. 그런데 가해학생 측 입장에서는 그렇지만도 않습니다.

왜냐하면 소년보호사건의 경우 경찰조사를 받아야 하고, 조사관에게 조사를 받아야 하며, 마지막으로 소년보호재판 판사님 앞에서 재판을 받아야 하는데, 이러한 과정 자체가 가해학생과 보호자 입장에서는 무섭고 힘든 일입니다. 그러니 반대로 피해학생 측에서 단순히 학교폭력예방법에 따른 처분만으로 만족할 수 없다면, 형사고소를 진행하는 것을 검토할 필요가 있습니다. 그리고 만 14세 이상부터는 형사법에 따른 처벌도 이루어질 수 있습니다. 성범죄 등 심각한 학교폭력의 경우, 「소년법」이 아닌 형사법에 따른 처벌이 이루어질 수 있는데, 보통 이런 사건의 경우 학교폭력예방법에 따른 조치도 전학, 퇴학 등 가장 중한 처벌이 이루어지는 경우가 많습니다.

다만 피해학생 입장에서 무조건 형사고소를 진행하는 것은 바람직하지 않을 수 있습니다. 앞서 정리한 내용이 기억나실지 모르겠으나, 형사고소를 통해 처벌하기 위해서는 "합리적 의심을 배제할 정도의 증명"이 필요하고, 이는 학교폭력 신고에서의 증명 정도보다 높습니다. CCTV 등 명백한 증거자료가 없다면, 형사고소를 해도 결국 무혐의(증거불충분)가 나올 가능성이 높고, 심의위원회 조치가 있었더라도 형사사건에서 무혐의(증거불충분)가 나오게 되면 가해학생 측에서는 마치 죄가 없는 것처럼 주변 사람들에게 여론몰이를 할 수도 있습니다. 그렇기 때문에 이 부분은 신중하게 판단할 필요가 있습니다.

애들 싸움이 어른 싸움 되는 학교폭력

다. 소년보호재판을
받는다면?

학교폭력과 직접적으로 관련된 내용이라 하기는 어렵지만, 위에서 다룬 내용 중 「소년법」에 대한 부분을 조금 더 자세히 말씀드려 볼까 합니다.

● **조사 과정**

경찰조사 등을 마치고 소년보호재판에 사건이 접수되면, 법원이 사안을 조사하게 됩니다. 사안에 따라 조사방법이 조금씩 다른데, 법원조사관에 의한 조사, 청소년꿈키움센터에서의 조사, 보호관찰소의 조사, 소년분류심사원의 조사 등이 있습니다.

해당 조사는 법원이 보호처분을 내리는데 있어서 중요한 자료가 됩니다. 판사님께서는 조사관의 조사 자료를 신뢰하고 있으므로 진지한 자세로 성실하게 참여할 필요가 있습니다. 가해학생(범죄소년)에 대해서는 반성 정도를 조사하고, 보호자에 대해서는 어떻게 자녀를 교육할 것인지를 조사합니다. 필요하다면 반성문, 자녀선도계획서 등을 준비하셔서 조사관에 제출하시고, 조사를 받을 필요도 있습니다.

● 법원의 심리

조사 후 법원의 심리 절차가 진행되는데, 결국 법원은 범죄를 저지른 가해학생(범죄소년)이 제대로 성장할 수 있을지에 대해 고민을 많이 하게 됩니다. 그러니 심리 개시일 전에 다양한 자료를 제출하여 소년의 선도의지, 부모의 지도의지를 잘 보여 줄 필요가 있습니다.

의견서나 탄원서 등의 자료를 제출하여, 그동안 어떤 노력을 했는지, 그리고 앞으로 어떤 노력을 할 것인지에 대해 자세히 밝힐 필요가 있습니다.

법원은 이런 자료를 종합적으로 검토하여 보호처분을 결정하게 되는데, 보호처분을 할 필요가 없다면 불처분 결정이 나기도 하고, 보호처분의 필요성이 있다면, 앞에서 언급한 것처럼 「소년법」 제32조 제1항에 따라 아래와 같은 처분이 나올 수 있습니다.

---

1. 보호자 또는 보호자를 대신하여 소년을 보호할 수 있는 자에게 감호 위탁
2. 수강명령
3. 사회봉사명령
4. 보호관찰관의 단기(短期) 보호관찰
5. 보호관찰관의 장기(長期) 보호관찰
6. 「아동복지법」에 따른 아동복지시설이나 그 밖의 소년보호시설에 감호 위탁
7. 병원, 요양소 또는 「보호소년 등의 처우에 관한 법률」에 따른 의료재활소년원에 위탁
8. 1개월 이내의 소년원 송치
9. 단기 소년원 송치
10. 장기 소년원 송치

여담이지만, 이날만큼은 학생도 그렇지만 보호자께서도 최대한 예의를 갖추고 복장 등을 단정하게 하시고 가셨으면 좋겠습니다. 소년보호재판의 보조인으로 참석해 보면, 복장이나 태도까지 신경 쓴 보호자와 그렇지 않은 보호자가 확연히 구분됩니다. 결론에 반드시 영향이 있다고 말씀드리기는 어렵지만, 알 수 없는 일이니 자녀의 미래를 위해서라도 기본적인 예의를 갖추고 참석할 필요가 있다고 생각합니다.

라. 민사소송

학교폭력을 당한 피해학생의 경우 피해에 따른 치료비 등이 소요될 수 있고, 정신적 피해에 따른 배상을 받을 필요가 있을 수 있습니다. 그런데 학교폭력예방법에서는 당사자들 간의 배상에 대해서는 전혀 관여하고 있지 않으므로, 학교폭력을 당한 피해학생 입장에서는 별도의 민사소송을 통해 배상을 받아야 합니다.

「민법」에는 아래와 같은 규정이 있습니다.

민법 제750조(불법행위의 내용) 고의 또는 과실로 인한 위법행위로 타인에게 손해를 가한 자는 그 손해를 배상할 책임이 있다.

제751조(재산 이외의 손해의 배상) ① 타인의 신체, 자유 또는 명예를 해하거나 기타 정신상고통을 가한 자는 재산 이외의 손해에 대하여도 배상할 책임이 있다.
② 법원은 전항의 손해배상을 정기금채무로 지급할 것을 명할 수 있고 그 이행을 확보하기 위하여 상당한 담보의 제공을 명할 수 있다.

애들 싸움이 어른 싸움 되는 학교폭력

제753조(미성년자의 책임능력) 미성년자가 타인에게 손해를 가한 경우에 그 행위의 책임을 변식할 지능이 없는 때에는 배상의 책임이 없다.

제755조(감독자의 책임) ① 다른 자에게 손해를 가한 사람이 제753조 또는 제754조에 따라 책임이 없는 경우에는 그를 감독할 법정의무가 있는 자가 그 손해를 배상할 책임이 있다. 다만, 감독의무를 게을리하지 아니한 경우에는 그러하지 아니하다.
② 감독의무자를 갈음하여 제753조 또는 제754조에 따라 책임이 없는 사람을 감독하는 자도 제1항의 책임이 있다.

「민법」제753조에서 말하는 "책임을 변식할 지능"이 도대체 언제부터 있는지에 대해 법령에서 말하고 있지는 않은데, 법원은 대체로 만 12세 미만의 경우 책임을 변식할 지능이 없다고 보고 있습니다. 즉, 일반적으로 초등학생의 경우 불법행위 책임을 물을 수 없습니다.

그러면 초등학생이 학교폭력을 한 경우, 배상 책임을 물을 방법이 전혀 없을까요? 그렇지 않습니다. 위 규정을 보시면 아시겠지만, 「민법」제755조 제1항에 따라 감독할 법정의무가 있는 자, 즉 가해학생의 보호자에게 그 책임을 물을 수 있습니다.

반대로 만 13세 이상인 경우에는 학생에게만 책임을 물을 수 있고, 가해학생의 보호자에게는 책임을 물을 수 없을까요? 결론부터 말씀드리면, 이 경우에도 가해학생의 보호자에게 그 책임을 물을 수 있습니다. 대법원은 감독의무위반 사실과 이와 피해학생의 피해 사이에 상당인과관계가 있다면, 「민법」제755조 제1항이 아닌 「민법」제750조에 따라 손해배상책임을 부담해야 한다고 보고 있습니다.

미성년자가 책임능력이 있어 그 스스로 불법행위책임을 지는 경우에도 그 손해가 당해 미성년자의 감독의무자의 의무위반과 상당인과관계가 있으면 감독의무자는 일반불법행위자로서 손해배상책임이 있다(대법원 1994. 2. 8. 선고 93다13605 전원합의체 판결 등 참조).

● 성인과 조금 다른 일실수입 산정 방법

그럼 민사소송을 통해 충분히 배상받을 수 있을까요? 학생들 간의 학교폭력이 아닌, 성인의 폭행, 성인 교통사고 등등의 사유로 손해배상을 청구한다면, 일실수입(사고가 발생하지 않았더라면 장래에 얻었을 수 있었으리라고 기대할 수 있는 수입의 상실액)을 손해배상으로 청구할 수 있습니다. 학교폭력으로 인한 손해배상 사건도 일실수입에 대한 손해배상이 가능할까요?

학교폭력의 경우에도 일실수입을 손해배상으로 청구할 수는 있으나, 조금은 차이가 있습니다. 예를 들어 성인의 경우, 입원한 기간동안은 노동능력상실률을 100%로 하여 일실수입 상당액을 손해배상으로 청구할 수 있는데, 일실수입 청구에서 가동개시연령은 원칙적으로 성년이 되는 날부터이므로, 성인이 아닌 학생인 경우 입원 기간 동안의 일실수입 청구는 어렵습니다(대구지방법원 2024. 2. 2. 선고 2022가단139627 판결 참고).

다만 입원기간과 별개로 학교폭력으로 인한 피해로 장애 등이 발생한 경우, 법원은 신체기능장애 정도, 연령, 교육 정도, 사회적 및 경제적 조건 등을 모두 참작하여 노동능력상실률을 결정하고, 그에 따른 일실수입 상당액의 손해배상액을 인정하고 있습니다. 따라서 계산 방식에 있어 성인과의 차이는 있지만, 일실수입에 대한 손해배상도 청구할 수 있습니다.

● 위자료, 큰 기대를 하기는 어렵다

치료비 등을 배상 받는 것은 어렵지 않을 수 있습니다. 그러면 정신적 배상은 어떨까요? 개인적인 경험으로 배상 받을 수는 있겠지만, 보호자께서는 기대하시는 것만큼 위자료 규모가 크지 않습니다. 제가 방어를 했던 사건 중에는 상대방이 수백만 원의 위자료를 요구했는데, 법원에서 수십만 원만 인정했고, 소송비용 등을 모두 제하고 나니, 실제로 배상한 금액은 겨우 몇만 원에 불과한 경우도 있습니다. 이처럼 보호자께서는 보통 수천만 원의 위자료를 생각하지만, 현실적으로 인정되는 금액은 극히 적습니다.

이런 점 때문에 만약 금전적으로 배상을 받을 목적이라면, 소송보다는 사전에 합의를 적극적으로 시도해 보는 것이 좋습니다. 즉 형사고소와 민사소송을 진행하지 않겠다는 조건으로 합의를 시도한다면, 가해학생 입장에서도 힘든 과정을 겪고 대응하기보다 합의로 마무리할 가능성이 높습니다. 다만 경험에 비추어 보면, 대다수의 보호자분들이 자신한테 발생한 일이라면 합의금을 받고 그만두겠으나 자녀에게 발생한 일에는 돈으로 결코 해결할 수 없다는 마음이셨기에 합의 자체가 쉽게 이루어지는 경우는 거의 보지 못했습니다.

참고로 적정한 합의금이라는 것은 없습니다. 당사자의 사정에 따라 달라지겠는데, 통상 전치 1주당 50만~100만 원 사이의 합의금이 정해지는 것이 보통이고, 성폭행 등 성과 관련된 사안은 최소 500만 원 이상으로 합의금이 커지는 것이 일반적으로 보입니다. 다만 이는 참고에 불과하고, 가해학생 및 피해학생의 여러 사정과 상황에 따라 천차만별의 합의금이 정해질 수 있습니다.

● 선생님에게도 손해배상을 청구할 수 있을까?

학교폭력을 방지하지 못했다는 이유 등으로 피해학생 측은 선생님에게도 손해배상을 청구할 수 있을까요? 이에 대한 답변은 "가능할 수도 있다"입니다. 모든 학교폭력 사건에서 선생님에게 손해배상 책임을 물을 수 있는 것은 아닙니다. 일단 손해배상 책임을 묻기 위해서는 최소한 두 가지의 요건이 필요한데, 첫째는 교육활동과 밀접한 관계가 있어야 하고, 둘째는 선생님이 학교폭력에 대한 예견 가능성이 있어야 합니다.

대법원 판례를 몇 가지 살펴보면, 초등학교 내에서 발생한 폭행 등 괴롭힘이 상당 기간 지속되어 그 고통과 그에 따른 정신장애로 피해학생이 자살에 이른 사건에서 학교생활에서 통상 발생할 수 있다고 예측되거나 예측 가능성이 있다고 보아 교장 및 교사에게 보호·감독의무 위반에 대한 책임을 물은 사례(대법원 2007. 4. 26. 선고 2005다24318 판결)가 있는 반면에 중학교 3학년 여학생이 자살한 사건에서 따돌림의 정도와 행위의 태양, 피해학생의 평소 행동 등에 비추어 담임교사에게 피해학생의 자살에 대한 예견 가능성이 없다고 보아 손해배상책임을 부정한 사례(대법원 2007. 11. 15. 선고 2005다16034 판결)도 있습니다.

따라서 위에서 말한 두 가지 요건이 우선 갖추어져야 합니다. 물론 이러한 요건이 있다고 하여, 반드시 손해배상이 성립하는 것은 아닙니다.

선생님이 학교생활에서 발생한 학교폭력이 예견되는 상황에서 그에 맞는 적절한 조치를 취하는 등 노력을 한 경우라면, 피해학생은 선생님으로부터 손해배상을 받을 수 없습니다. 따라서 선생님에 대한 손해배상 청구는 좀 더 신중하게 고민하여 결정할 필요가 있습니다.

11장

학교폭력에 대한
생각들

가. 어떤 전문가를
선임해야 할까?

학교폭력에 대한 전반적인 이야기를 정리해 보았습니다. 학교폭력과 관련하여 마지막으로 학교폭력에 대한 개인적인 견해를 간략히 정리해 보고자 합니다. 우선 학교폭력 사안이 발생하였을 경우, 어떠한 전문가로부터 조력을 받아야 할지 말씀드리겠습니다.

학교폭력이 사회적으로 문제가 되면서, 많은 전문가들이 등장하고 있습니다. 학교폭력에 대한 교육, 아이에 대한 인성 조언 측면에서 전문가가 필요하다면, 그 분야에 맞는 심리상담사와 같은 전문가를 선임하면 되겠지만, 학교폭력 신고 사건이 발생하였고, 심의위원회 등에 대한 대응이 필요하다면 저는 반드시 변호사를 선임해야 한다고 생각합니다.

● 어떤 변호사를 선임해야 할까?

그렇다면 어떤 변호사를 선임해야 할까요? 학교폭력을 소개하는 여러 홍보 글을 보면, ① "학교폭력 전문변호사임을 확인하세요", ② "심의위원회 위원이 제대로 학교폭력을 볼 수 있습니다", ③ "교육청 출신 변호사"

애들 싸움이 어른 싸움 되는 학교폭력

등의 문구를 확인할 수 있습니다.

저 역시 대외적으로 "대한변호사협회 등록 학교폭력 전문 변호사"라고 홍보하고 있고, "경남교육청 자문변호사", "서울 3개 교육청 교권보호위원회 위원", "법제처 사무관 출신"임을 내세우고 있습니다. 이런 타이틀만큼 쉽게 소개할 수 있는 것이 없기 때문입니다. 그런데 사실 그것이 진정으로 중요한가라는 생각이 있습니다.

우선 전문변호사 제도라는 것은, 의사들의 전문의와는 조금 다른 개념입니다. 전문변호사는 일정 사건을 수행하고, 강의를 들으면 신청할 수 있는데, 전문변호사라고 한다면 그 분야의 사건을 어느 정도 수행했다는 것을 증명할 수는 있으나, 이 사람이 그 분야의 최고라는 것을 증명하지는 않습니다. 예를 들어 대형로펌과 같이 로펌 자체가 전문성을 증명해 주는 경우, 전문변호사 요건을 충족함에도 신청하지 않는 경우가 많습니다. 저 역시 대형로펌에 재직할 당시에는 전문변호사 신청을 고민하지 않았습니다.

둘째로 심의위원회 위원이라면 심의위원회의 논의와 결정 과정을 잘 알고 있기는 하겠습니다만, 이해 충돌 문제 때문에 담당 교육지원청의 사건은 수임하지 못한다는 문제가 발생할 수 있습니다. 그렇기 때문에 저의 경우 서울에서는 학교폭력이 아닌 지역교권보호위원회 위원만을 맡고 있습니다. 이처럼 변호사 중에는 사건을 맡기 위해서 의도적으로 심의위원회 위원을 하지 않는 경우도 많습니다.

마지막으로 교육청 출신이라고 한다면, 아무래도 심의위원회가 어떻게 돌아가는지 사정을 잘 알 수 있다는 장점이 있겠으나, 이러한 절차는 어차피 심의위원회 몇 번만 참여하면 알 수 있는 부분입니다. 그리고 심의위원회의 위원들은 교육청 소속 공무원이 아니라 퇴직교원, 학부모, 법조인 위원들로 구성되기 때문에 교육청 출신 공무원이 심의위원회에 어떤 영향력을 행사할 수도 없습니다. 즉 심의위원회는 흔히 말해 "전관" 영향력을 미칠 수 있는 곳(물론 저는 다른 분야도 전관이 영향력을 미친다고 생각하지는 않습니다)이 아닙니다.

그래서 저로서도 홍보 문구로 내세우고 있기는 합니다만, 이런 타이틀은 참고만 하시면 좋고 필수라고 생각하지는 않는다고 말씀드립니다. 그렇다면 무엇을 보아야 할까요? 저는 "얼마나 성의 있게 사건을 맡아 줄 수 있는가", "얼마나 소통이 가능한가"가 핵심이라고 생각합니다. 학교폭력 사건의 경우, 학생과 보호자 모두 불안감이 크고 대응방향에 대해 계속적으로 소통할 필요가 있습니다. 그렇기 때문에 저는 담당 변호사가 사건을 성의 있게 대하고, 끊임없는 소통으로 학생과 보호자 입장을 최대한 이해하여 방안을 제시하는 것이 가장 중요하다고 생각합니다. 따라서 반드시 상담을 먼저 해 보시고, 여러분의 사건을 잘 처리해 줄 수 있는 변호사인지, 그리고 직접 사건을 처리해 주는지 등을 확인하고 선임하시면 좋겠습니다.

애들 싸움이 어른 싸움 되는 학교폭력

나. 학교폭력 절차,
이대로가 맞을까?

마지막으로 학교폭력 절차에 대한 개인적인 생각을 말씀드려 볼까 합니다. 최근 대통령 직속 국민통합위원회에서는 학교폭력 문제 등의 내용을 담은 "교육 공동체 신뢰 회복" 정책 제안을 발표했습니다. "교육 공동체 신뢰회복" 방안이 이야기하는 주요 내용은 또래 간 경미한 다툼까지도 처벌과 불이익에 대한 우려로 인해 법적 분쟁으로 해결하는 사법 의존이 심화되고 있는 상황이 바람직하지 않으므로, 적극적으로 학교 내에서 해결해야 한다는 것입니다. 특히 초등학교 저학년의 경우 단순 또래 갈등은 심의위원회에 상정하기 보다 학교 현장에서 화해, 조정 등 관계회복 프로그램을 적극적으로 활용하여 해결하겠다는 것이 그 내용입니다.

해당 방안이 타당한지를 묻는다면, 저는 100% 맞는 이야기라고 생각합니다. 그러나 한편으로 너무나도 "이상적인" 이야기라고도 생각합니다. 최근 학교폭력 사건의 사법의존이 심해지는 것은 명백한 사실입니다. 일반적으로 생각하시는 심각한 폭행 등이 아니라, 애들 사이에서 흔히 발생할 수 있고, 학생들 스스로가 해결하는 것이 더 바람직해 보이는 사건마저도 심의위원회 안건으로 올라오는 경우가 다수 있습니다. 그런 사건을 볼 때마다 학교가 나서서 적극적으로 해결하는 것이 교육적으로 올바르겠다고 생각하고 있습니다.

그런데 왜 이것이 100% 맞지만, 이상적인 이야기에 불과할까요? 왜냐하면 학교가 해결하기 위해서는 가장 큰 전제가 필요하기 때문입니다. 다름 아닌 학교에 대한 신뢰, 선생님에 대한 존중입니다. 그런데 현실은 그렇지 않습니다.

분쟁 해결에 있어서 원래 어느 한쪽이 100% 만족할 수 있는 답이 나오기는 어렵습니다. 그러면 당연히 가해학생이든, 피해학생이든 서로 불만족이 생길 수밖에 없는데, 적극적으로 문제해결을 시도하는 학교와 선생님을 신뢰하지 않고, '왜 상대방 편을 드느냐'라고 민원을 제기하며, 심지어 선생님을 아동학대 등으로 형사고소를 하는 등의 각종 문제가 발생하고 있습니다. 이런 상황을 겪다 보니 학교와 선생님은 점차 소극적으로 대체할 수밖에 없게 되었습니다.

학교폭력을 담당하는 선생님들의 스트레스가 너무나도 커졌고, 전문성보다는 상대적으로 불만을 제기할 수 없는 임용된 지 얼마 안 된 선생님들에게 학교폭력을 담당하게 하는 등의 문제가 발생하기도 하였습니다. 그 결과 예전에는 학교에서 사안을 1차적으로 조사했었으나, 최근에는 그마저도 학교에서 하지 않고 퇴직 교원, 경찰 등으로 이루어진 학교폭력전담조사관이 담당하도록 학교폭력이 개정되기도 하였습니다. 이처럼 학교와 선생님을 신뢰하지 않는 이상 학교폭력의 사법의존은 해결되기 어렵습니다.

그래도 저는 긍정적으로 평가하고 싶습니다. 어쨌든 국민통합위원회가 말한 것처럼, 학교폭력은 1차적으로 학교에서 해결하는 것이 바람직

애들 싸움이 어른 싸움 되는 학교폭력

하기 때문입니다. 위 방안을 계기로 학부모와 학생이 선생님과 학교를 신뢰할 수 있는 시스템을 하루빨리 구축하는 것이 필요하지 않을까 생각됩니다.

● 공격수단이 된 학교폭력 신고

학교폭력에 대해 학교가 처리하는 영역이 적고, 피해학생이 동의하지 않는 이상 무조건 심의위원회로 넘어가다 보니 기가 막힌 사안들도 발생하고 있습니다. 제가 맡았던 사건 중 하나를 각색해서 말씀드려 볼까 합니다.

> 중학생인 A, B, C 3명은 원래 친했으나, 사소한 다툼 등으로 멀어지게 되었고, 멀어지게 되는 과정에서 카카오톡 단체방을 나오는 등 상호 간의 충돌이 있었습니다.
> A 학생은 공부를 잘해 외국어 고등학교 진학을 목표로 했는데, 이를 시기하던 나머지 B, C 학생이 서로 이야기를 해서 각각 학교폭력 신고를 하기로 마음먹었습니다. 높은 조치를 받기는 어려우니, 모욕과 따돌림을 당했다고 먼저 B가 신고를 하여 서면사과가 나오면, 그 이후 C가 다른 이유로 학교폭력을 신고하여 서면사과가 나오게 하여 생활기록부에 기재시키자고 이야기를 나누었습니다. 왜냐하면 서면사과 조치의 경우 1회까지는 이행하는 이상 생활기록부에 기재되지 않지만, 동일 학교급에서 또 다른 학교폭력으로 조치를 받게 될 경우 생활기록부에 졸업할 때까지 모두 기재되므로 외국어 고등학교 진학에 문제가 생길 수 있기 때문입니다.

이런 말도 안 되는 사안이 학교 현장에서는 발생되고 있습니다. 무려 학생들이 학교폭력 신고 및 조치 제도를 악용하고 있는 것입니다.

이런 문제를 방지하기 위해서라도 저는 학교폭력이 좀 더 세부적으로 구분되어야 한다고 생각합니다. 정말 인격을 파괴하는 학교폭력은 더 철저하게 처벌하고, 그렇지 않은 경우는 좀 더 기회를 주는 방식으로 변경되어야 한다고 생각합니다. 모든 것을 동일한 잣대로 보는 것이 아니라, 더욱 세부적으로 구분해서 판단할 필요가 있지 않나 생각합니다.

이에 대한 답은 결국 돌아가서 학교와 선생님에 대한 신뢰가 생겨야만 가능합니다. 학교폭력이 심각한 사안인지 아닌지에 대한 1차적 판단을 학교에서 해야 하기 때문입니다. 이에 대한 고민을 저뿐만 아니라 많은 분들이 치열하게 해 주셨으면 합니다.

애들 싸움이 어른 싸움 되는 학교폭력

애들 싸움이 어른 싸움이 되지 않으려면?

　정보가 주는 이점은 크지만, 때로는 현대사회의 정보는 과다하다고 느껴집니다. 유튜브, 인터넷, TV 프로그램에서 각종 정보가 쏟아지다 보니 오히려 정확히 판단하는 것이 어려워지고 있는 것 같습니다.

　특히 학교폭력 문제에 대해서도 방송등에서는 자극적인 이야기만 하고 있습니다. 그렇게 이야기해야 이목이 집중되기 때문인지도 모릅니다. 마치 아이가 조금이라도 따돌림을 당하면, 미래가 무조건 망가지는 것처럼 묘사되기도 합니다.

　분명 보호자께서 개입하셔야 할 순간이 있습니다. 그런데 잠시 본인들의 어린 시절을 돌이켜 보면, 친구와 서로 편을 갈라 싸우기도 했을 것이고, 갈등을 겪었던 상황도 있었을 것이며, 시간이 지나 화해하고 다시 친해졌던 경험도 있을 것입니다. 그래서 저는 최대한 아이들에게 맡겨 보는 것이 어떨까 합니다.

　모든 사소한 일마다 보호자께서 개입하고, 학교폭력 절차를 이용한다면 아이는 스스로 갈등을 해결하는 방법을 배우지 못할 것이고, 어른이 되었을 때 갈등 상황을 제대로 다루지 못하는 등 더 큰 어려움이 생길지도 모릅니다.

그리고 학교와 선생님을 믿었으면 좋겠습니다. 물론 교육활동 침해 사건을 하다 보면, 정신적으로 건강하지 못한 선생님을 목격했던 경험도 있습니다. 그러나 대다수의 선생님께서는 아이들을 사랑하고 아이들을 올바르게 가르치기 위해 노력하고 있습니다. 선생님께서 어떠한 판단을 내렸다면, 특정인을 편들고 지지했을 것이라 비단하기보다 가능한 공정하게 판단했을 것이라 믿어 주실 필요가 있습니다.

이처럼 최대한의 믿음, 존중과 신뢰를 바탕으로 해결을 하고, 그럼에도 불구하고 해결되지 않았다면, 그 후에 법과 제도를 통한 해결을 모색했으면 좋겠습니다. 법과 제도가 최선순위가 아니라 최후수단으로 작용했으면 좋겠습니다.

물론 위의 이야기는 가벼운 학교폭력에 대한 이야기입니다. 인격을 파괴하는 학교폭력은 당연히 강력하게 처벌되어야 합니다. 가해학생이 다시는 잘못된 행위를 하지 않도록 따끔한 처벌을 해야 하고, 피해학생이 정상적으로 학교생활을 마칠 수 있도록 최대한의 조치를 해야 하는 것에 대해서는 100% 동의합니다.

이상으로 학교폭력에 대한 글을 마치고자 합니다. 많은 분들이 학교폭력에 대해 고민해 보고 좋은 의견을 내주시기 바랍니다. 모든 학생들에게 아름다운 추억만 있는 학교생활이 되었으면 좋겠고, 학교폭력에 대해 관심이 있는 분들에게 이 책이 조금이나마 도움이 되기를 바랍니다.

마지막으로 책을 작성하는 데 많은 도움을 준 사랑하는 아내와 무럭무럭 잘 성장하고 있는 딸에게 고마운 마음을 전합니다. 감사합니다.

애들 싸움이
어른 싸움 되는
학교폭력

ⓒ 손영우, 2025

초판 1쇄 발행 2025년 2월 27일

지은이   손영우
펴낸이   이기봉
편집   좋은땅 편집팀
펴낸곳   도서출판 좋은땅
주소   서울특별시 마포구 양화로12길 26 지월드빌딩 (서교동 395-7)
전화   02)374-8616~7
팩스   02)374-8614
이메일   gworldbook@naver.com
홈페이지   www.g-world.co.kr

ISBN   979-11-388-4029-3 (03360)